KB189009

마음을 씻고 세상을 꿰뚫는 경전

주역의 눈
周易

마음을 씻고 세상을 꿰뚫는 경전

주역의 눈
周易

이선경 지음

불광출판사

'주역'을 접한 지 어느덧 30여 년이 되었다. '주역'을 잘 알아야 동양 사상을 깊이 이해할 수 있겠다는 생각에서 시작한 공부가 전공이 되었다. 세월이 그만큼 흘렀다는 것에 스스로 놀란다. 그러면 '주역'을 그만큼 잘 아는가? 부끄럽게도 그렇지 못하다. 석사논문을 쓰고 박사학위를 받았지만, 여전히 역(易)을 안다고 자부할 수는 없다.

이 책은 공부 길에 만난 고마운 인연을 따라 엮어낸 하나의 결실이다. 세월 따라 공부해온 것이 한국의 사상과 '주역'이다. 생활인으로 살면서 강의하고 논문 쓰며 얻은 작은 안목이 있다면, 한국의 사상과 문화, 삶의 곳곳에 역(易)의 사유가 깊이 뿌리내리고 있음을 알게 된 것이다. 이런 생각을 체계화된 논리로 정립해서 학술서를 내야 하겠지만, 우선 에세이로 풀어보았다.

대표적으로 우리나라의 상징 태극기, 우리글 훈민정음은 그 안에 역(易)의 이치를 담아 제작되었다. 훈민정음의 원리는 역리(易理) 그 자체이다. 거기에는 자연의 리듬을 따라 사는 삶의 지혜, 상생과 평화의 논리, 더불어 살아가는 주체로서 인간의 존엄성 등이 담겨 있다. 독자들에게는 좀 낯설게 느껴질 수도 있겠다. 그러나 이제 K-문화를 넘어 K-사상에 관심을 가질 때가 되었다고 본다. 문화적 역량을 샘솟게 하는 근원에는 마음과 생각, 즉 사상이 있지 않겠는가? 문화가 꽃과 열매라면, 사상은 뿌리이다. 이 책을 읽으며 한국의 사상과 문화에 담긴 숨은 보석을 발견하는 즐거움이 있으면 좋겠다.

『주역』은 '마음 씻는 경전' 세심경(洗心經)으로 널리 알려져 왔다. '주역'의 점 역시 운명과 숙명이 아니라, 삶을 성숙하게 경영할 수 있는 지혜를 알려준다. 『주역』은 "잘못을 잘 보충하면 허물이 없다"라고 한다. '주역' 활용의 본질은 자기 모습을 찾아가는 데 있다. 독자들이 삶의 지혜를 얻는 통로로 '주역'을 곁에 둔다면, 그래서 덜 허물 짓고, 상생의 삶을 사는 데 도움이 될 수 있다면, 기쁘고 보람이 있겠다.

이 책은 2022년 9월에서 2024년 1월 초 사이 인터넷 한겨레 '조현의 휴심정(休心井)'에 연재했던 '이선경의 나를 찾아가는 주역'을 다시 정리하고 수정 보완한 것이다. 줄곧 학술논문만 써 온 필자를 덜컥 필진에 올린 조현 기자님의 권유로 이 글이 세상에 나오게 되었다. 나 스스로는 결코 이런 글을 기획해서 쓰지 못했을 것이다. 연재를 마칠 때까지 격려를 아끼지 않으시고, 적절한 출판사를 찾아주려 애쓰신 조 기자님께 깊은 감사의 말씀을 드린다.

글과 출판사의 만남도 인연이 있는 것 같다. 학술서라 할 수도 없고, 가볍게 술술 읽히는 대중서라 하기도 어려운 글을 가치 있게 생각하고 흔쾌히 출판해 주신 불광출판사 류지호 대표님과 글을 꼼꼼히 읽고 좋은 책을 내기 위해 수고를 아끼지 않으신 편집부 관계자들에게 감사드린다. 첫 만남에서 함께 식사하고 차를 마시며 길게 이야기를 나눈 일이 향기로운 기억으로 남아 있다.

　또 고마운 인연이 있다. 책 만드는 일을 하며 살아온 벗 홍진숙 님은 성심성의껏 전체 원고를 읽고 문장의 구성, 표현, 논리의 비약 등을 가감 없이 지적하여 응원을 아끼지 않았다. 글을 쓸 때마다 가동된 가족 내부 비평팀의 수고는 굳이 언급하지 않겠다.

　'주역'에 관한 책을 쓰게 되었으니, 하늘의 축복과 경계(警戒)를 비는 마음으로, 이 '머리글'을 쓰기에 앞서 주역점을 쳐보았다. 화수(火水) 미제(未濟, ䷿)괘를 얻었다. 오효와 삼효가 동(動)했다. 오효를 위주로, 삼효를 참고로 점을 해석한다. "오효는 바르기 때문에 길하여 후회가 없다. 군자의 빛남이니, 믿음이 있어서 길하다." "삼효는 미제의 때에 나아가면 흉하다. 큰 내를 건너는 것이 이롭다." 미욱한 필자로선 고마운 결과다. 이 책이 바른 노력의 결실이니 길하고 후회가 없다고 한다. 또 군자의 빛이 환히 비춘다는 격려사까지 있으니 더할 나위 없다. 그러나 삼효의 경계 역시 주목해야 한다. 미제(未濟)는 아직 강을 다 못 건넜다는 뜻이다. 이런 때는 나아가면 흉하지만, 그런데도 큰 내를 건너는 것이 이롭다니, 모순적이지 않은가. 이 책은 미제의 결실이다. 끝없는 공부 길의 중간 보고서에 불과하다. 그러니 어린 여우와 같이 무턱대고 강을 건너다 꼬리를 물에 적셔 실패하는 우를 범하지 말라는 경계가 아니겠는가. 큰 내는 건너야 하지만, 지금은 더 공부하고 노력해야 할 때라는 '주역'의 조언을 가슴에 새긴다.

2025년 새해를 맞으며
청계산 기슭에서 필자 삼가 씀

차례

『역』이라는 책은 넓고 커서 모든 것이 갖추어 있다.
하늘의 도가 있고, 사람의 도가 있으며 땅의 도가 있다.
- 「계사전」하 10장

元

『주역』을 읽으면
내가 보인다

1

왜 '나를 찾아가는' 『주역』인가

마음을 씻는 책, 『주역』

먼저 이 책이 나오게 된 과정부터 이야기를 해야겠다. 2022년 여름, 그해 가을 무렵부터 인터넷 한겨레 휴심정(休心井)에 격주로 '주역(周易)' 관련 칼럼을 연재하기로 했다. 방을 차리려면 문패를 걸어야겠는데, 무어라 이름을 붙여야 할까? 자나 깨나 고민이 시작되었다. 논의 끝에 '나를 찾는 주역', '우리 안의 주역'으로 압축되었다. 무난했으나 마음에 꼭 들지는 않았다. 결정해야 하는 마당에 다소 찜찜한 마음으로 산책을 하던 중 번득 떠오르는 생각이 있었다.

'나를 찾아가는 주역!'

'나를 찾는 주역'은 좀 오만하다. 내가 뭐라고 '주역'에 관한 내 글을 읽으면 자신을 찾을 수 있다고 하겠는가. 그러나 '찾아가는'이라는 말은, 지금 나아가고 있다는 뜻이다. 쓰는 사람에게나 읽는 사람에게나 이 글이 자신을 찾아가는 여정에 도움이 된다면, 그런 제목은 가능하지 않겠는가.

한국 동양 철학계의 기틀을 닦은 1세대 학자인 고(故) 도원 류승국 선생에게 들었던 일화가 있다. 선생은 어린 손주들을 앉혀 놓고 늘 이런저런 이야기하는 것을 즐겨했다. 어느 날의 주제는 '사람은 깨닫는 삶을 살아야 한다'는 것이었다. 손주 하나가 불쑥 물었다. "그래서, 할아버지는 깨달으셨어요?" 짐작할 수 있듯 좀 곤란한 순간이다. 깨달았다고 하면 망발이고, 못 깨달았다고 해도 말이 안 되는 상황에 놓이게 되었다. 선생은 "그럼, 할아버지는 늘 깨닫지. 어제도 깨닫고 오늘도 깨닫고, 늘 깨닫지!" 이렇게 답했다고 한다. 그 이야기를 전하며 껄껄 웃던 모습이 지금도 눈에 선하다. 매일매일 깨닫고, 늘 새로워지려 노력하며, 세상을 떠나는 날까지 변화해 가는 것이 사람이 살아가는 길이다.

『논어』에 거백옥이라는 이가 나온다. 공자가 칭찬했던 인물이다. 그는 늘 허물을 적게 지으려고 노력했다고 한다. 나이 50에 49세 때까지의 잘못을 깨달았다고 한다. 오늘날 우리 수명의 기준으로 본다면 나이 70에 69세까지의 잘못을 깨달았다는 이야기가 되지 않을까? 『주역』에서는 "과실을 잘 보충하면 허물없는 삶을 살 수 있다[无咎者, 善補過]"라고 했다. 매일 오늘을 맞으며 어제의 묵은 허물을 벗고 새로운 나를 빚어가는 것이 사람의 길이라고 말하고 싶다.

역(易)이라는 글자는 '바꿀 역'이다. 뜻 자체가 '변화'이다. 가만히 생각해 보라. 이 우주는 한순간도 멈춤 없이 시시각각 변한다. 우리의 몸도 마찬가지이다. 순간순간 세포들은 생멸을 거듭하면서 몸의 균형점을 새롭게 맞추어 간다. 변화해야 산다. 그것이 우주의 원리이다. 사람의 삶도 마찬가지가 아닐까?

'변화'를 뜻하는 책 『역』*은 사람의 길을 인도하는 '마음 씻는 경전' 세심경(洗心經)으로 오랜 세월 사랑받아왔다.

역(易)에는 점과 사주 이상의 것이 있다

역을 전공한 필자는 대학에서 자주 '주역'과 관련한 강좌를 진행한다. 첫 시간마다 수강생들에게 질문을 던진다. "주역이라고 하면 뭐가 연상돼요? 떠오르는 단어들을 이야기해 보세요." 학생들이 쭈뼛쭈뼛 입을 열기 시작한다. "점이요." "사주요." 먼저 튀어나오는 대답들이다. "음양이요." "오행이요." "그 뭐더라, '괘'인가?" 이런 대답이 나오는 교실도 가끔 있다. 이렇게 시작한 수업이 기말을 향할 때면 학생들은 '하늘을 나는 용'이라도 된 것 같다. '주역'의 생명철학을 논하고, 한국문화와 '주역'의 상관성을 토론한다. 그 성장 변화를 바라보는 재미가 쏠쏠하다.

'주역'을 전공한다고 하면, "사주 볼 줄 아세요?"라고 묻는 경우가 종종 있다. 결론 먼저 얘기하면 사주를 다루는 명리학(命理學)은 실상 『주역』과 별 관계가 없다. 『주역』을 통째로 외운다고 해서 사주를 볼 수 있는 것이 아니며, 『주역』을 한 줄도 모른다 한들 사주를 보는 데 별 지장이 없다. 산가지(주역점에 사용하는 50개의 가는 막대)나 동전을 사용해 시행하는 주역점은 숙명적인 개인의 운명을 알

● 『주역(周易)』은 『역경(易經)』이라고도 하는데, 고대에는 '경(經)'자 없이 『역(易)』이라 했다.

려주기 위한 장치가 아니다. 오히려 어떻게 해야 인생을 성숙하게 경영할 수 있는가에 관한 지혜를 열어준다. 이는 심지어 명리학도 마찬가지일 것이다. '주역'이 지닌 점의 기능은 이성을 넘어선 초월의 세계를 삶의 세계로 끌어들인다. 동시에 '주역'은 동아시아의 사상을 관통하는 사유 방식과 세계관을 제공하는 철학이기도 하다. 천천히 설명해 보겠다.

『주역』이 만들어진 이유는 성인(聖人)이 '말세'에 세상을 근심해서라고 『주역』에 쓰여 있다. 『주역』은 세상을 이끌어갈 책임이 있는 정치가들에게 국가를 경영하는 도리를 알려주기도 한다. 하지만 궁극적으로 사람이 자연의 이치를 알고 제 본성을 깨우쳐 성명(性命)의 이치에 따르는 삶을 살 수 있도록, 그 길을 안내한다고 쓰여 있다. 그리고 음과 양의 변증으로 그 길을 보여준다. 변증이란 상호 모순되는 주장의 어느 한 편을 택하는 것이 아니라 그 둘을 종합하여 새로운 방향을 모색하는 것을 말한다. 음양의 변증은 한마디로 '서로 대립하는 상반성을 종합하여 함께 살아가는 길을 도모하는 것'이라 하겠다. 그래서 역의 사유를 특징짓는 말은 관계, 상생, 평화, 생명, 중도, 균형, 주체, 창의 등이다. 밤과 낮, 추위와 더위 같은 자연의 상반된 힘이 생명을 추동해 가듯, 사람의 삶에서도 기쁨과 슬픔, 행복과 불행을 함께 버무려 제3의 길을 찾아간다. 공자의 대표 사상인 인(仁)은 『주역』에서 '생명을 살리기를 좋아하는 마음'으로 설명된다. 세상이 잘못되어가는 것을 근심하는 '우환 의식'은 이 마음에서 나온다. 우환으로 가득한 삶의 길에서 우리는 동아시아의 고전 중의 고전 『주역』을 읽고자 한다. 『주역』을 통해 우리는 어떤 삶의 지혜를 얻을 수 있을까?

역(易)은 한국문화의 DNA

사람의 정체성은 내가 속한 역사 공동체와의 연관 속에서 형성된다. 5,000년이 넘는 한국인의 사상과 생활문화 속에는 알고 보면 역(易)의 사유 방식이 깊게 자리하고 있다. 역의 사유 방식은 한국인의 심성에 깊이 뿌리내리고 있고, 한국인의 마음 씀씀이에서 독특한 모습으로 드러난다. 우리가 늘 누리고 쓰면서도 알아보지 못하는 보석처럼 곳곳에서 빛을 발한다. 단적인 예로 태극기와 훈민정음이 한국을 대표하는 상징이라는 점은 누구나 안다. 하지만 그것이 역의 원리로 만들어졌다는 사실은 대부분 모른다. 한국인이라면 누구나 단군신화를 알지만, 거기에도 역의 사유틀이 내재해 있음을 알아채기는 쉽지 않다. 화랑도의 다른 이름이 '풍류도'인 줄은 쉽게 알 수 있지만, "뭇 생명을 만나 변화시킨다[接化群生]"는 풍류의 핵심 사상은 『주역』의 생명철학 및 천지인 삼재의 휴머니즘적 관점에서 해석했을 때 제맛이 살아난다는 것을 생각하기는 어렵다. 결국 수천 년을 지탱해온 한국의 저력, 한국문화의 원천이 역에 기반하고 있다는 게 필자의 생각이다. 역이 지향하는 생명, 평화, 상생의 휴머니즘은 우리의 언어, 심성, 문화에 차고 넘친다.

우리가 흔히 쓰는 "미운 놈 떡 하나 더 준다"는 속담이 있다. 여기에는 나와 갈등을 일으키는 상대가 제거의 대상이 아니라 내 삶을 지탱해주는 토대로서 함께 어울려 살아야 하는 존재라는 통찰이 들어 있다. 서랍을 '여닫이'라 하고, 엘리베이터를 '승강기'라 하는 데에도 '오는 것이 있으면 가는 것이 있다'는 상반성에 관한 인식이 숨어 있다. 한국인 특유의 심성인 정(情)에는 '고운 정'만 있는 게 아니라 '미운 정'도 있다. 미운 정 고운 정이 얼크러져 숙성된 휴머니즘이 우리 삶의 향기를 빚는다.

전통적 유머인 '해학' 역시 풍자를 통해 부끄러움과 웃음을 동시에 선사하여 화합의 장으로 이끈다. 조선시대 정수동이라는 이가 주막에서 막걸리를 한 사발 마셨는데, 맛이 지나치게 시었다. 주모를 불러 따지는 대신 술값을 2배로 줬다고 한다. "한 푼은 술값, 한 푼은 식초값"이라고 말하며 주막을 나섰단다. 아마 그 주모는 다시는 시어빠진 술을 팔지 못했을 것이다.

한국의 전통건축은 자연 친화적 특징을 지닌다. 큰 바위, 굽은 소나무가 걸리적거려도 그것을 없애지 않고 그대로 살려서 집을 짓는다. 초가삼간 작은 집 지어놓고 저 멀리 둘러쳐진 산천을 마당 삼는다. 초겨울 감나무 꼭대기에는 까치밥이 남아 있고, 저녁 무렵 농부는 종일 일한 소와 지게 짐을 나눠서 지고 빈 달구지 끌며 귀가한다. 김종삼 시인이 '묵화(墨畫)'에서 노래한 것처럼 이 농부는 종일토록 같이 애쓴 소를 위한 시간을 가질 것이다. '물 먹는 소 덜미에' 자신의 거친 손을 가만히 얹히고는 '이 하루도 함께 지났다고, 서로 발잔등이 부었다고, 서로 적막하다고' 소 덜미를 쓸어내렸으리라.

가난한 시절 흔하게 보던 농촌의 풍경이다. 사람과 사람이, 사람과 자연이 어울려 함께 잘 살아가기를 바라는 마음이 피어난다. 오늘날 우리는 갈라치기, 혐오, 소유의 욕망, 뭐든 누구든 언제든 대체할 수 있는 소비재에 불과하다는 인격적 모멸감에 시달리며 살아간다. 지금 지친 우리에게 필요한 것은 '묵화' 속 농부의 마음이 아닐까? 우리는 전통과 문화 속에 자신을 치유할 자산을 충분히 간직하고 있다. 그런데 우리는 고향으로 집으로 돌아오지 않고 어디로 나가 헤매고 있을까?

2

『주역』을 읽으면
무엇이 좋을까?

『주역』을 가까이 하게 된 이유를 들어보니

역학을 전공하는 동료들에게 어쩌다 '주역'을 하게 되었나 물어보면, 저마다의 계기가 있다. 사주팔자, 풍수 등 술수학에 흥미를 느껴 공부하다가 술수를 넘어선 공부를 해야겠다는 생각에 『주역』 연구로 전환하게 되었다고 답한 경우가 꽤 있다. "지도교수님이 하라고 해서"라고 농담처럼 답하는 후배도 있었다. 인생의 중요한 결정에 스승을 믿고 받아들이는 모습이 예쁘고, 그 관계가 살짝 부럽기도 했다.

또 다른 동료는 『주역』이 자신의 독단을 깨주었기 때문이라고 했다. 예전의 자신은 옳다고 믿으면 초지일관 타협 없이 밀고 나가는 스타일이었고, 그것이 바르게 잘 사는 길이라고 생각했단다. 그런데『주역』을 공부해 보니, 그 '옳다'는 것도 여러 사람, 여러 정황과의 '관계' 속에서 정해지는 것이지, 이것이 옳으니까 관철해야 한다는 생각은 독단이라는 깨달음이 생기더란다.『주역』은 늘 변화하는 상황과 관계 속에서 올바름을 찾는 법을 알려준다는 것이다. 변화하는 세상을 따르다 보면 원칙없이 임기응변에 빠지기 쉽고, 원칙을 고수하면 현실변화에 눈을 감는 고집불통이기 십상이다.

어려운 이야기이다. 현실의 이해관계는 다양하고 충돌하기 마련인데, 그 속에서 옳음의 가치를 구현하기가 어떻게 만만한 일이겠는가!『주역』은 무엇이 옳다고 단정적으로 말하지 않는다. '최적(最適)', 즉 '가장 적절함'을 말한다. '이럴 때는 이렇게 하는 것이 적절하겠다'는 식의 접근이다. 이른바 '시중(時中)', 곧 '때에 알맞음'이다. 율곡 이이 선생은 평생 "이(理)와 기(氣)의 오묘한 조화[理氣之妙]", "의(義)와 리(利)의 조화", "적절하고 마땅한 중용의 길[合宜得中]"을 추구했다. 이것이 바로 '시중'의 지향이다. 율곡은 '시중'의 의미를 구체적으로 이렇게 설명한다. 나랏일 하는 사람이 이 일을 해야 하는가 말아야 하는가 고민이 될 때, 그 판단 기준은 "해서 백성에게 이로우면 다 해도 되는 것이고, 백성에게 해로우면 해서는 안 되는 것이다."

왜『주역』을 공부하게 되었나

필자가『주역』을 본격적으로 공부하게 된 시점은 대만 정치대학 석사반에 유학하면서부터이다. 관심은『주역』에서 말하는 '선(善)'이란 무엇인가에 있었다. 동아시아 철학의 최고(最高) 경전이라 일컬어지는『주역』은 인류 최고의 가치로서 선(善)을 무어라 하는지

궁금했다. 결론적으로 『주역』에서의 '선'은 "생생(生生)"의 다른 표현임을 알게 되었다. 그것은 자연의 끊임없는 생명작용을 말한다. 『주역』에 "생생을 역(易)이라 한다[生生之謂易]"라 하였다. 천지자연이 생명을 낳고 또 낳는 활동이 바로 역(易, 변화)이다. 다시 말해 하늘[乾, ☰]과 땅[坤, ☷]으로 대표되는 양과 음이 끊임없이 상호작용하면서 뭇 생명을 낳고 살리는 변화를 선(善)이라 한다. 낮이 가면 밤이 오고, 더위가 지나면 추위가 오기를 끝없이 반복하면서 생명이 영속해 가는 것이 자연의 길[道]이며, 그것을 그대로 선(善)이라 한다. 우주의 속성이 '생생'으로 표상되는 생명활동이라 한다면, 그 소산인 인간 역시 '생생'을 자기 존재의 본질로 삼는다. 그래서 성선설의 형이상학적 근거가 『주역』에 있다. '살리기를 좋아하는 마음'이 『주역』이 보는 인간의 본질이다.

필자의 이름 선경(善慶)은 땅을 상징하는 곤괘(坤卦, ☷)에서 왔다. 곤괘 첫 번째 라인(line)인 초효(初爻)의 설명은 대략 이러하다. "서리를 밟으면 곧 굳은 얼음이 이르게 된다. 선(善)을 쌓는 집안에는 반드시 남는 경사(慶事)가 있고, 불선(不善)을 쌓는 집안에는 반드시 남는 재앙이 있다." 가을에 서리가 내리는 것을 보면 머지않아 얼음이 얼겠다는 조짐을 읽을 수 있어야 한다. 큰 사건은 갑자기 터지는 것이 아니라 그 조짐과 기미가 서서히 자라난다. 그것이 가시화되었을 때는 이미 늦었으니, 그 기미를 방치 말고 미리 선을 쌓아 대비한다면 경사가 있을 것이다.

논문을 제출했을 때, 지도교수는 "너는 논문을 써서 네 이름을 설명했구나!"라고 했다. 마음을 알아준 것 같아 참 기뻤다. 석사가 선(善)에 관한 탐구였다면, 박사는 곤(坤)에 관한 연구였다. 박사 과정에서는 곤도(坤道)를 재해석함으로써 인륜과 산업의 통합을 역설한 조선 후기 실학자 이원구(李元龜, 1758~1828)의 역학 사상을 연구했다.

　　그동안 진행해 온 곤괘에 관한 탐구는 스스로 정체성을 찾아보려는 여정이었던 것 같다. 필자는 땅의 상징인 곤괘에서 유학이 지향하는 인문 정신의 이상과 세속화 시대에 주목할만한 종교적 메시지를 발견할 수 있다고 생각한다. 성스러움은 이 세속을 떠나 별도로 존재하는 것이 아니며, 우리는 몸을 통해 성스러움을 구현할 수 있다는 생각이다.

　　아무리 좋은 가치도 너무 붙들고 있으면 그 안에 갇히는 법이다. 곤괘에 대한 천착은 그만 내려놓아야겠다. 『주역』을 공부할 때 널리 읽히는 정이(程頤)의 『역전(易傳)』 서문에서는 역을 공부하는 이유가 "그때그때 변화하여 도를 따르려는 것[隨時變易以從道]"이라 하였다. 핵심을 드러내는 대목이다.

『주역』은 고전 중의 고전

『주역』 공부는 대만 석사반 때 시작되었지만, 공부의 필요성을 느낀 것은 학부 때였다. 지극히 현실적인 이유였다. 학부에서는 주로 성리학을 배웠는데 자꾸 『주역』이 근거로 인용되어 무슨 말인지 알 수가 없었다. 성리학의 이기론(理氣論)은 『주역』에서의 태극과 음양의 관계를 재해석한 것이라는 설명을 잘 이해하지 못한 채 풍월을 읊었다. 동아시아의 모든 철학은 『주역』으로 통한다더니…. 『주역』을 모르면 동양철학을 제대로 할 수 없겠다는 자각이 생겼다.

　　오경(五經) 또는 13경(經)이란 말을 들어보았을 것이다. 고대에는 5개의 경(經)이 있었는데, 점점 늘어나 송나라 시기에 이르면 13개까지 늘어났다. 경(經)이란 '성인의 말씀', '진리의 소식'을 담은 책을 높여 부르는 말이다. 기독교에『성경』이 있고, 불교에『금강경』등 여러 경전이 있듯이 유가에도 경전이 있다. 요즘에는 '경전'이라는 표현이 너무 무거워 '고전'이라는 말로 친숙하게 부르지만, '경'은 진리의 말씀을 담은 책으로서 남다른 무게가 있다. 그런데 유가의 13경 가운데 가장 으뜸가는 경전으로 취급된 것은『논어』도『맹자』도 아닌,『주역』이다.『주역』은 경전 중의 경전이며 고전 중의 고전이다. 천하의 공자가 죽간(竹簡, 대나무 조각을 엮어 만든 책)을 묶은 가죽끈이 세 번이나 끊어질 정도로 읽었다는 책이『주역』이다.

『주역』이 옛사람들에게 널리 사랑받은 이유는 철학성과 종교성이 가장 농후한 문헌이기 때문일 것이다. 성글게 말해『주역』에는 음양론과 천지인 삼재론, 태극, 중(中), 도(道), 성(誠), 경(敬)과 같이 후대 철학의 모태가 되는 이론과 개념들이 오롯이 들어 있다. 또한『주역』의 점(占)은 진실한 마음으로 하늘에 기도하는 것과 같은 과정이다.『주역』을 뺀 나머지 경(經)에도『주역』의 정신과 논리가 관통하고 있다.

우리나라 경학 자료 가운데 단연 많은 숫자를 자랑하는 것도『주역』관련 문헌이다. 옛 지식인들은『주역』을 인용하거나 주역점을 쳐 집의 이름을 짓고, 그것을 해설한 글을 붙이곤 했다. 남명 조식이 인재를 길러내던 건물 '산천재(山天齋)'는『주역』의 산천 대축괘(大畜卦, ䷙)에서 가져왔고, 경복궁 왕비의 처소인 '교태전(交泰殿)'은 천지의 교섭으로 만물이 태평한 지천 태괘(泰卦, ䷊)를 인용했다. 자식들의 이름짓기에도『주역』은 어김없이 등장한다. 특히 건괘

(乾卦)의 원(元)·형(亨)·이(利)·정(貞)이 단골로 등장하는데, 대개 만이의 이름에 원(元) 자를 넣는다. 임금과 대화하고 건의할 때도 『주역』의 글귀와 논리가 늘 활용된다. 다른 '경'도 그러하지만, 특히 『주역』은 어떤 일을 판단하고 결정하고 행동하는 데 길잡이가 되었던 문헌이다.

大畜 (대축)	䷙ 山 天	象曰 天在山中 大畜 君子以 多識前言往行 以畜其德 상왈 천재산중 대축 군자이 다식전언왕행 이축기덕 하늘이 산 가운데에 있는 것이 대축이니, 군자가 그것을 본받아 이전의 말과 지난 행동을 많이 알아 덕을 쌓는다.

어떻게 『주역』을 읽어야 할까?

『주역』을 읽는 방법에는 여러 가지가 있겠다. 자기에게 맞는 방식으로 읽어가면 된다. 다만 『주역』은 약간 특수해서, 단박에 책을 펼치고 처음부터 읽어나가는 방식은 그리 권장하지 않는다. 『주역』의 기본적인 용어와 개념을 쉽게 설명한 개론서를 먼저 섭렵하는 편이 좋다.

　『주역』을 읽기 위한 기본적인 문법을 익혔다면, 주역점 치는 법을 배워 그것을 통해 텍스트에 접근하는 방식도 고려해 볼 만하다. 보통 50개의 시초(蓍草, 점을 치는 가는 막대)나 동전 3개를 활용하는 주역점치기는 어렵지 않게 배울 수 있다. 이때 정작 어려운 것은 좋은 질문 만들기이다. 『주역』에 써 있기를 "역은 군자를 위한 계책이지, 소인을 위한 계책이 아니다"라고 했다. 『주역』을 개인의 사사로운 영달을 위해 사용해서는 안 되며, 바르고 참된 길을 찾으려는 깨끗한 마음으로 대해야 한다는 뜻이다. 어떻게 하면 돈을 벌 수 있으며, 어떻게 하면 출세할 수 있는가를 묻기보다는, 당면한 문제를 어떻게 헤쳐 나가면 좋을까에 대한 조언을 구하는 질문이 좋다고 생각한다. 그렇게 질문을 던지고 점을 쳐서 괘와 효를 얻는다. 내가 얻은 괘와 효의 상(象)을 관찰하고 괘효사를 여러 각도에서 음미하면 좀 더 생동감있게 『주역』을 공부할 수 있다. 지인 중에는 매일 아침 질문조차 던지지 않은 무념무상의 상태에서 주역점을 치고 그 결과를 궁구하는 분도 있다. 자신의 문제에 집중하거나 무념무상으로 괘를 뽑는 과정 자체가 마음을 정화하는 과정이다. 주역점을 자신의 수양을 위한 하나의 명상으로 접근하는 편이 좋다고 생각한다.

이런 과정들을 거쳐서 역의 철학이 담긴 「역전(易傳)」의 텍스트를 읽어나가면 순차적으로 『주역』의 세계에 들어갈 수 있으리라 생각한다. 『주역』을 아직 접하지 않은 독자라면, 여기까지 읽어오는 동안에도 어느 정도의 인내심이 필요했을 것이고, 이 책을 읽기 위해서도 『주역』에 대한 기초지식이 필요하다는 생각을 할 법하다. 「역전」은 무엇이며, ䷙ 이렇게 생긴 모양을 왜 '산천 대축'이라 부르고, ䷊ 요렇게 생긴 모양은 왜 '지천 태'라 부르는가? 이제 그 최소한의 준비를 해보자.

3

『주역』을 읽기 위한
준비

8괘: 건곤부모와 여섯 자녀

『주역』이라는 책이 어떻게 형성되었는지를 먼저 보자. 그 기초가
되는 괘(卦)와 효(爻)가 무엇인지부터 이야기해야겠다. 『주역』에는
먼 옛날 복희(伏羲)가 "우러러 천문을 관찰하고 구부려 땅의 이치
를 살펴서 8괘를 그렸다"라고 기록돼 있다.

　『주역』에는 복희에 대해 더 이상의 설명이 없다. 하지만 통상
복희는 신농(神農), 황제(黃帝)와 함께 역사시대 이전의 전설적 제
왕으로 알려져 있다. 후대에 복희가 그린 괘로 전해지는 모양은 ☰,
☱, ☲, ☳, ☴, ☵, ☶, ☷의 8개이다. 각각의 부호를 괘(卦)라 부르
며 각 괘의 라인(line)을 효(爻)라 부른다.* 괘(卦)의 문자적 의미는
'걸다', '매달다'이다.** 8괘는 3개의 효로 이루어져 있다. 선을 3번

그어 완성했다고 해서 삼획괘(三劃卦)라 부르고, 영어로는 트라이그램(trigram)이라 번역한다.

『주역』도 물론 글로 쓴 텍스트가 기본이지만, 다른 문헌과 확연히 구분되는 것은 상징 체계로 이루어져 있다는 점이다. 괘효(卦爻)의 상(象)을 중시한다. 상(象)이란 '모양'이다. 영어로는 '이미지(image)'라 번역한다. 각 괘는 수많은 사물과 성질을 표상한다. ☰ 괘로 예를 들어보자.

☰ 괘의 이름은 건(乾), 즉 하늘이다. 이 괘는 하늘 외에도 둥근 고리[圜], 임금, 아버지, 옥, 쇠, 얼음 등을 대표적인 상징으로 지니고 있다(「설괘전」). 이 상징들은 어떤 연관으로 구성되었을까? 건괘(☰)는 강함을 나타내는 양효(陽爻, ▬) 3개로 이루어져 있다. 하늘은 강건하다는 것이다. 태초로부터 지금까지 봄, 여름, 가을, 겨울은 쉬지 않고 순환해 왔고, 지구는 자전과 공전을 정확하게 지켜왔으며, 시간은 잠시도 멈춘 적이 없다. 그러한 꿋꿋함과 강건함으로 지구 안의 모든 생명은 계속될 수 있었다. 계절의 순환과 연결되는 천도의 강건함은 가부장 시대에 임금, 아버지에게 요청되는 덕목으로 해석되었다. 옥, 쇠, 얼음과 같은 단단한 물건을 상징하는 것으로 확대되었을 법하다.

● 효(爻)는 '본뜬다', '본받는다'는 뜻이다. 현재의 내 자리가 전체의 과정 중에 어떤 변화의 단계와 상황 속에 있는가를 그려낸다는 의미이다. 괘가 어떤 일의 전체적 윤곽을 보여주는 것이라면, 각 효는 구체적 변화의 상황을 알려준다.

●● 괘(卦)라는 명칭은 아마도 점을 치는 과정에서 쓰이는 가는 막대 다발을 규칙에 따라 헤아려서 혼동되지 않도록 분류해 틀에 걸어놓은 데서 유래하지 않았을까 생각된다.

땅을 상징하는 곤괘(坤卦, ☷)는 어머니, 보자기, 가마솥, 큰 수레, 무리, 꾸밈[文] 등의 상징의미를 지닌다. 가운데가 끊어진 음효(陰爻, ⚋) 3개로 구성되어 일단 눈으로 보기에 개수가 많다. 만물(萬物)을 품어 길러내는 대지를 어머니로 비유하고, 그것을 다시 많은 것을 담을 수 있는 보자기, 가마솥, 수레에 비유했을 법하다. 또 만물이 그로 인해 창성해 세상을 풍성하고 아름답게 꾸미고 있지 않은가. 이와 같이 『주역』의 상(象)이란 이 세상을 구성하는 요소들의 특성을 살피고 그것을 이미지화하여 압축 파일과 같이 괘의 모양에 담는 것이다. 다산 정약용은 강진 유배 시절 『주역』 공부에 몰두한 나머지 이 세상의 사물들이 『주역』의 괘 모양으로 보이지 않는 것이 없었다고 한다. 8괘의 이름과 대표적 상징은 아래의 표와 같다.

괘 이름	괘 모양	괘 모양의 풀이	주요 상징	성질
건(乾)	☰	항구불변한 자연운행의 꿋꿋함을 표현	하늘, 아버지, 얼음, 쇠, 말 등	강건함
태(兌)	☱	단단한 흙 위에 부드러운 물이 담긴 '연못'	연못, 소녀(막내딸), 입, 기쁨, 양(羊) 등	기쁨
리(離)	☲	타오르는 불, 하늘에 걸린 해를 상징	불, 해, 둘째 딸, 갑각류 등	걸려 있음
진(震)	☳	땅에 꽂혀 우르르 진동하는 우레	우레, 장남, 용 등	진동함
손(巽)	☴	하늘 아래 부드러운 바람	바람, 장녀, 나무 등	들어감
간(艮)	☶	툭 트인 대지를 가다가 턱 걸린 산 모양	산, 소년(막내아들), 손가락, 개 등	멈춤
감(坎)	☵	큰 시내물 또는 도랑에 푹 빠진 모양	물, 도랑, 둘째 아들, 귀앓이 등	위험 빠짐
곤(坤)	☷	가운데가 툭 트여 쭉 뻗어가는 대지	땅, 어머니, 가마솥, 큰 수레 등	순응함

64괘를 형성하는 기초가 되는 8괘는 건(乾, ☰)과 곤(坤, ☷)의 부모 괘가 6개의 자식괘를 낳는 것이라고 『주역』은 설명한다. 건곤 부모는 세 아들 진(震), 감(坎), 간(艮)과 세 딸 손(巽), 리(離), 태(兌)를 낳아 『주역』의 우주는 8명으로 구성된 가족이 기본이 된다.

> 건(乾)은 하늘이다. 그래서 아버지라 부른다.
> 곤(坤)은 땅이다. 그래서 어머니라 부른다.
> 진(震)은 첫 번 사귀어 아들을 얻어, 장남이라 한다.
> 손(巽)은 첫 번 사귀어 딸을 얻으니, 장녀라 한다.
> 감(坎)은 두 번째로 사귀어 아들을 얻으니, 중남이라 한다.
> 리(離)는 두 번째로 사귀어 딸을 얻으니, 중녀라 한다.
> 간(艮)은 세 번째로 사귀어 아들을 얻으니, 소남이라 한다.
> 태(兌)는 세 번째로 사귀어 딸을 얻으니, 소녀라 한다.
>
> – 『주역』, 「설괘전」 10장

곤(坤) 어머니			건(乾) 아버지		
☷			☰		
태(兌) 막내딸	리(離) 둘째 딸	손(巽) 맏딸	간(艮) 막내아들	감(坎) 둘째 아들	진(震) 맏아들
☱	☲	☴	☶	☵	☳
곤(坤)의 세 번째 효를 얻음	곤(坤)의 두 번째 효를 얻음	곤(坤)의 첫 번째 효를 얻음	건(乾)의 세 번째 효를 얻음	건(乾)의 두 번째 효를 얻음	건(乾)의 첫 번째 효를 얻음

64괘: 8괘의 중복조합 또는 태극의 음양적 전개

『주역』을 조금 들여다 본 사람이라면 『주역』이 8괘를 기본으로 해서 64괘로 확장된다는 것을 안다. 64괘와 그에 대한 해설까지 알아야 비로소 『주역』에 입문할 수 있다. 8괘가 위와 같이 형성되었다면 64괘는 어떻게 형성되는 것일까? 64괘가 만들어지는 방법에는 2가지가 있다. 첫 번째 방법은 8괘를 중복조합하는 것이다. 이를테면 먼저 아랫자리에 건괘를 8번 배치한다. 그 위에 다시 건, 태, 리, 진, 손, 감, 간, 곤의 8괘를 얹는 것이다.

위는 모두 건괘(乾掛, ☰) 위에 8괘를 배열한 것이다. 이번에는 태괘(兌掛, ☱)를 아랫자리에 배열하고, 위에 다시 8괘를 순서대로 배열한다

위에서 아랫단 8개는 모두 태괘(兌掛, ☱) 위에 8괘를 배열한 것이다. 이와 같은 방식으로 8괘를 돌아가며 조합하면 64괘가 형성된다.

　64괘가 만들어지는 두 번째 방법은 태극의 자기 전개 또는 태극의 음양적 전개라 할 수 있다. 이 방법은 『주역』 「계사전」에 근거를 둔다. 「계사전」에 이런 말이 있다.

　"역(易)의 변화 가운데에는 태극이 있으니, 이것이 양의(兩儀)를 낳고, 양의는 사상(四象)을 낳고, 사상(四象)은 팔괘(八卦)를 낳는다[易有太極, 是生兩儀, 兩儀生四象, 四象生八卦]."

　'양의'는 두 가지 모양이라는 뜻으로 음양을 말한다. '사상'은 이제마 선생의 사상체질을 통해 우리가 익숙한 태음, 태양, 소음, 소양을 말한다. 여기서 소음(少陰), 소양(少陽)이라 할 때의 소(少)은 '작다'는 뜻이 아니라 '젊다, 어리다'는 뜻이라는 점을 유의할 필요가 있다. 아직 덜 자란 소음이 점점 자라면 태음(太陰)이 되고, 음이 가득한 태음은 그 극한을 지나 다시 소양이 되며, 소양이 자라나 태양(太陽)이 된다. 태양이 극한을 지나 다시 소음으로 전환하는 순환이 무궁하게 이어진다. 그믐달이 자라나 보름달이 되면 다시 줄어 그믐을 향해가듯 세상이 돌아가는 이치와 패턴이 그러하다.

　다시 「계사전」의 구절로 돌아가 보자. 눈에 보이지 않는 태극의 움직임은 음과 양이라는 두 상반된 모양의 작용으로 구체화 된다. 둘은 네 가지 모양으로 다시 여덟 개의 모양으로 두 배씩 그 모양을 더해 간다는 것이다. 그래서 이러한 확장 방식을 가일배법(加一倍法)이라 한다. 2-4-8-16-32-64로 전개되어 갈 것은 당연하다. 무한히 뻗어갈 수 있지만, 『주역』은 6번째 변화에서 그쳐서 64괘를 이룬다. 각 괘가 6개의 효를 지니게 되었다.

『주역』이 형성된 역사: 주역의 작자들

이미 많이 이들이 알고 있겠지만, 『주역』은 어느 한 사람에 의해 체계적으로 집필된 책이 아니다. 수 세기 길게는 수십 세기에 걸쳐 형성된 문헌으로 알려져 있다. 『주역』에 써 있기로는 복희가 8괘를 그렸고, 이에 기반해서 『주역』이 일어난 것은 중고(中古)시대라고 한다. 『주역』의 작자가 세상을 근심해서 이 책을 만들었다고 하였다.
●『주역』의 작자들에 대해 수천 년 동안 전해온 정설은 복희가 그린 8괘를 바탕으로 은나라 말기에 주나라 문왕(文王)이 64괘를 산출했고 그 괘의 전체적 뜻을 알려주는 말, 즉 괘사(卦辭)를 붙였다는 것이다. 그리고 그 아들 주공(周公)이 괘마다 지닌 6효 각각에 대해 그 의미를 알려주는 말, 즉 효사(爻辭)를 붙였다고 한다.

64괘의 모양과 '괘사'는 문왕이, '효사'는 주공이 만들었다는 것이다. 이 괘사와 효사는 점을 치기 위한 용도로도 쓰인다. 표현이 보기에 따라 애매모호하고 선언적이다. 『주역』의 15번째 괘인 겸괘(謙卦)를 살펴보자.

겸괘(謙卦)	
䷠ 겸(謙)	【괘사】 겸은 형통하니, 군자가 끝맺음이 있다. 【효사】 초효: 겸손하고 겸손한 군자이니, 큰 시냇물을 건너더라도 길하다. 이효: 겸손함으로 알려지니 바르고 길하다. 삼효: 공로가 있어도 겸손하니, 군자가 끝마침이 있어 길하다. 사효: 겸손함을 베풀어야 이롭지 않음이 없다. 오효: 부유하지 않으면서도 이웃을 얻는다. 　　　 침벌(侵伐)함이 이로우니 이롭지 않음이 없다. 상효: 겸손함이 드러나니, 군대를 움직여 읍국을 정벌함이 이롭다.

● 『주역』「계사전」하 7장에는 "역이 일어난 것은 중고(中古)시대일 것이다. 역을 지은 이가 세상을 근심해서였으리라!"라고 하였다.

이처럼 괘사와 효사는 점친 이의 물음에 대해 친절한 설명 없이 점의 결과를 단정해서 알려준다. 그래서 해석이 중요하다.

　그런데 『주역』은 문왕의 괘사, 주공의 효사만 있는 것이 아니다. 이들이 썼다고 하는 괘사와 효사의 내용이 알쏭달쏭하므로, 이를 친절하게 풀어서 쓴 공자(孔子)의 해설 부분이 몇 배의 분량으로 덧붙여 있다. 이 해설을 크게 「역전(易傳)」이라고 부른다. 위에서 살펴본 겸괘를 예로 들어보자. 「역전」은 겸괘 초효에서 "겸손하고 겸손한 군자이니, 큰 시냇물을 건너더라도 길하다"라고 한 이유를 "겸손하고 겸손한 군자는 자신을 낮춤으로써 스스로를 잘 기르기 때문이다"라고 설명한다. 그뿐만 아니라 괘사에서 "겸은 형통하니, 군자가 (좋은) 끝맺음이 있다"라고 한 것에 대해, 겸손이 형통한 이유가 무엇인지, 왜 겸손한 군자가 좋은 끝맺음을 얻게 되는지를 길고 자상한 설명을 덧붙인다.

　요컨대 문왕과 주공의 괘효사가 점을 치기 위한 것이라면, 공자의 「역전」은 그 점이 우리의 삶에 어떤 의미를 지니는가에 대해 인문적 해석을 더해준다. 『주역』이 점의 영역에 머물지 않고, 사상서이자 철학서로 간주되는 것은 바로 이 「역전」이 있기 때문이다!

　간단하게 「역전」이라고 했지만, 실상 「역전」은 10개의 편으로 이루어져 있어 일명 십익(十翼)이라 한다. 『주역』을 잘 이해할 수 있도록 하는 10개의 날개란 뜻이다. 여기에는 괘사나 효사에 관한 설명뿐 아니라, 역철학의 개론이라 할 수 있는 내용들이 수록되어 있다. 「단전」, 「상전」, 「문언전」, 「계사전」, 「설괘전」, 「서괘전」, 「잡괘전」 등이 그것이다. 다행스럽게도 이 책을 읽기 위해서 굳이 그 편명과 내용이 무엇인지 시시콜콜 알 필요는 없다. 다만 「역전」으로 인해

『주역』이 철학서로 전환한다는 점을 기억하는 것으로 충분하다.

한 가지 덧붙이고 싶은 내용이 있다. 현재 우리가 보는『주역』의 형태가 언제 어떻게 만들어지게 되었는가에 대해서는 고고학의 발굴에 힘입어 여러 새로운 주장이 제기되고 있기 때문이다. 종래에 전해지던 복희-문왕-주공-공자의 저작설을 의심케 하는 많은 유물이 출토되었기 때문이다. 죽간, 백서(帛書)의 형태로 출토된 유물들은『주역』이 몇몇 사람에 의해 체계적으로 집필된 문헌이 아니라 아주 오랜 시간을 거쳐 취사 선택되고 편집되어갔으며, 오늘날 우리가 보는 현행본『주역』이 완성된 시기는 아마도 한나라 전반기일 것이라는 정황을 더해주고 있다.

유가의 책인가 도가의 책인가

"『주역』은 유가의 것인가요, 도가의 것인가요?" 종종 이런 질문을 받는다. 결론부터 말하자면『주역』은 공식적으로는 유가의 문헌이다. 그것도 유가의 오경(五經) 또는 13경(經) 가운데 으뜸가는 경전으로 대접받는다.『주역』의 저자도 유가의 인물인 문왕, 주공, 그리고 공자라 일컬어져 왔다. 그러면『주역』이 도가의 문헌이 아니냐는 의문은 왜 생기는 것일까? 그것은『주역』책 자체는 유가의 문헌이지만 음양론, 오행론 그리고 건(☰), 곤(☷), 감(☵), 리(☲) 같은 괘상(卦象)을 도가 및 도교의 문헌에서 흔하게 볼 수 있기 때문이다.

노자의『도덕경』을 살펴보면『주역』책과는 전혀 관계가 없지만, 그 안에 아름다움과 추함, 선과 악, 옳음과 그름, 있음과 없음 등 상반성과 상대성에 관한 사색으로 가득하여 음양론의 도가적 전개를 잘 보여준다. 그뿐만 아니라 도교의 문헌이라 할『주역참동계』는『주역』의 괘와 텍스트를 몸의 양생과 신선술의 관점에서 재해석해서 별도로 도교 역학의 한 분야를 형성하고 있다. 명나라 선사(禪師) 지욱(智旭)은 불교의 관점에서『주역』을 해석한『주역선해(周易禪解)』를 저술하기도 했고, 이 책은 오늘날까지 연구자들에게 활용되고 있다. 한 걸음 더 나아가 17~18세기 중국에 도착한 예수회 선교사들은 기독교 신학 및 교리 그리고 서양 수학을 활용하여『주역』을 재해석하는 저작을 내놓기도 했다.

이처럼『주역』은 유가의 영역에만 머물러 있지 않았다. 그 확장력은 유가 사상의 울타리를 넘어 시대를 초월해 도가 및 도교, 불교, 기독교에서도 깊이 연구됐다. 한마디로『주역』은 사상적 경계를 넘나드는 동아시아 사상의 중심 경전이라 할 수 있다.

『주역』 상경(上經)

1 중천건 重天乾	2 중지곤 重地坤	3 수뢰둔 水雷屯	4 산수몽 山水蒙	5 수천수 水天需	6 천수송 天水訟
䷀	䷁	䷂	䷃	䷄	䷅
7 지수사 地水師	8 수지비 水地比	9 풍천소축 風天小畜	10 천택리 天澤履	11 지천태 地天泰	12 천지비 天地否
䷆	䷇	䷈	䷉	䷊	䷋
13 천화동인 天火同人	14 화천대유 火天大有	15 지산겸 地山謙	16 뇌지예 雷地豫	17 택뢰수 澤雷隨	18 산풍고 山風蠱
䷌	䷍	䷎	䷏	䷐	䷑
19 지택림 地澤臨	20 풍지관 風地觀	21 화뢰서합 火雷噬嗑	22 산화비 山火賁	23 산지박 山地剝	24 지뢰복 地雷復
䷒	䷓	䷔	䷕	䷖	䷗
25 천뢰무망 天雷无妄	26 산천대축 山天大畜	27 산뢰이 山雷頤	28 택풍대과 澤風大過	29 중수감 重水坎	30 중화리 重火離
䷘	䷙	䷚	䷛	䷜	䷝

31 택산함 澤山咸	32 뇌풍항 雷風恒	33 천산돈 天山遯	34 뇌천대장 雷天大壯	35 화지진 火地晉	36 지화명이 地火明夷
䷞	䷟	䷠	䷡	䷢	䷣
37 풍화가인 風火家人	38 화택규 火澤睽	39 수산건 水山蹇	40 뇌수해 雷水解	41 산택손 山澤損	42 풍뢰익 風雷益
䷤	䷥	䷦	䷧	䷨	䷩
43 택천쾌 澤天夬	44 천풍구 天風姤	45 택지췌 澤地萃	46 지풍승 地風升	47 택수곤 澤水困	48 수풍정 水風井
䷪	䷫	䷬	䷭	䷮	䷯
49 택화혁 澤火革	50 화풍정 火風鼎	51 중뢰진 重雷震	52. 중산간 重山艮	53 풍산점 風山漸	54 뇌택귀매 雷澤歸妹
䷰	䷱	䷲	䷳	䷴	䷵
55 뇌화풍 雷火豐	56 화산려 火山旅	57 중풍손 重風巽	58 중택태 重澤兌	59 풍수환 風水渙	60 수택절 水澤節
䷶	䷷	䷸	䷹	䷺	䷻
61 풍택중부 風澤中孚	62 뇌산소과 雷山小過	63 수화기제 水火旣濟	64 화수미제 火水未濟		
䷼	䷽	䷾	䷿		

64괘도 도표 설명 : 중천(重天), 중지(重地), 중화(重火), 중뢰(重雷), 중산(重山), 중풍(重風), 중택(重澤)의 중(重)은 '중첩된다', '겹친다'라는 뜻이다. 중천은 하늘이 두 번 겹친 것이고, 중지는 땅이 두 번 겹친 것이다. 이하 마찬가지다.

4

음양적 사유:
삶은 상대와의 끊임없는 조율

'주역(周易)'이라는 말은 두 가지 뜻을 지닌다. 첫째는 '두루 통하는 역'이고, 둘째는 '주나라의 역'이란 뜻이다. '역(易)'은 주나라의 역이 전부가 아니다. 주나라 이전 왕조인 은나라에는 '귀장역(歸藏易)', 그보다 앞서 하나라에는 '연산역(連山易)'이 있었다고 한다. '주역'이 주나라의 역이라고 해서 특정 민족이 만들어낸 특정한 시대의 산물로만 이해해서는 곤란하다. '주역'이 '두루 통하는 역'이듯, 그것은 수천 년 동안 동아시아 사유의 바탕을 이뤄온 사유체계이자 문헌이다.

　『주역』을 잘 활용하기 위해서는 역학적 사고방식이 어떤 것인가를 이해할 필요가 있다. 그것은 통상 음양의 변증적 사고를 말한다. 변증이란 상호 모순되는 두 가지 주장이 있을 때, 어느 한 편을 선택하는 게 아니라 그 둘을 종합하여 새로운 지향점을 도출해내는 사유 방식이다. 음과 양의 변증론이 무엇이길래 역(易)은 생명, 평화, 상생의 휴머니즘을 지향하며, 상반성을 종합하여 상생의 길을 도모한다고 하는 것일까? 그 궁금증을 풀어보자.

역은 '변화'이다

역(易)의 글자 뜻은 한마디로 '바뀌다'이다. '변화'를 말한다. 글자 형상은 보통 日+月의 합성자[易]라 하기도 하고, 도마뱀을 그린 상형문자로 보기도 한다. 옛사람들은 日과 月로 표상되는 해와 달, 낮과 밤, 불과 물이 세상 변화의 중심축이라 생각했다. 카멜레온을 포함한 도마뱀 족속은 시시각각 처한 상황에 알맞게 변화해 생명을 보존하는 특징을 지닌다. 이러한 문자적 기원을 들여다 보면 역이 얼마나 '변화'를 중시하는가를 알 수 있다. 세상은 쉬지 않고 변화하며 순간순간 새로운 균형점을 찾아 영속할 수 있다는 생각이 역(易)의 기본관점이다.

역은 '관계'이다

세상이 끊임없이 변화하며 유지된다면, 변화의 동력은 무엇일까? 『주역』은 변화에는 상반된 두 힘의 작용이 숨어 있다고 본다. 밤과 낮이 교차하여 하루가 이루어지고, 추위와 더위가 갈마들어 한 해가 된다. 여자와 남자, 올라감과 내려감, 딱딱함과 부드러움 등 이 세상은 대립자, 즉 음과 양의 상호작용으로 생명의 변화를 거듭해 나간다.

　　양(陽)과 음(陰)의 문자적 풀이는 산기슭에 비추는 빛과 그늘이

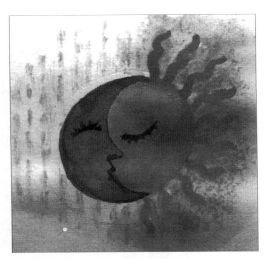

음과 양은 서로 안겨 자란다. ⓒ이선녕

다. 빛은 그늘이 있음을 함축하며, 그늘은 빛과 대립하지만 빛과 떨어질 수 없다. 한 존재자의 성립은 상반자의 존재를 이미 전제하고 있다. 반대되면서도 서로의 존재를 성립시키는 것이 음양의 관계 방식이다. 상반상성(相反相成)이라고 한다. 그렇지만 음양의 대립적 쌍들은 고집을 부리며 끝까지 평행선을 달리지 않는다는 사실이 중요하다. 만나기를 기다린다.

　우리 속담에 "미운 놈 떡 하나 더 준다"는 말이 있다. 재미있는 말이다. 예쁜 놈이 아니라 미운 사람에게 오히려 떡을 하나 더 준다. 이 역설적 발상에는 함께 상생하는 역학적 지혜가 스며있는 것이 아닐까? 저 '웬수'가 없어지면 속이 시원할 것 같지만, 그가 사라진다면 나의 생명도 부지할 수 없다는 것이 진리에 가깝다. 곡식을 쪼아먹는 참새가 미워서 다 없애 버리면, 병충해가 들끓어 흉년과 기근을 면할 수 없는 법이다. '웬수덩어리'와 지지고 볶으며 양보와 타협, 균형과 조화를 이루는 지혜가 나의 생존을 위해서도 필요하다. 그렇게 미운 정 고운 정 들어가며 함께 사는 것 아니던가.

또 하나의 예를 들어 보자. 초복, 중복, 말복의 삼복(三伏)은 여름 더위의 절정이다. 세 번 엎드린다는 삼복인데 무엇이 엎드린다는 말인가? 복(伏)이라는 글자대로, "개가 엎드린다는 말이냐?"고 반문하기도 하지만, 보통 더위의 절정에 겨울 기운이 와서 엎드린다고 풀이한다. 실제로 말복이 지나면 더위는 그 위세를 떨구며, 겨울 기운은 허리를 펴고 서서히 일어나기 시작한다. 무엇인가 극성을 부리거나, 맹위를 떨친다는 것은 곧 그러한 현상이 바뀔 거라는 의미이다. 이를 '극한에 이르면 반대편으로 되돌이킨다[極則反]'라는 말로 표현한다.

초승달은 자라나기 마련이며 보름달은 꺼져 들기 마련이다. 어둠이 극한에 이르면 곧 새벽이 온다는 뜻이다. 한낮의 더위도 수그러들기 마련이다. 음의 기운이 자라나면 양의 기운은 줄어들고, 양의 기운이 불어나면 음의 기운은 물러난다. 이러한 음양의 관계를 소식(消息)이라고 한다. 소(消)는 줄어든다는 뜻이고 식(息)은 불어난다는 뜻이다. "요즘 아무개가 왜 소식이 없지?"라고 할 때, 이 '소식'은 음양의 밀고 당김에 의한 세월의 흐름과 변화라는 의미를 담고 있다. 인간만사 새옹지마(塞翁之馬)라는 반전의 반전, 화와 복, 슬픔과 기쁨, 얻고 잃음이 꼬리에 꼬리를 무는 것이라는 삶의 지혜에도 역(易)의 사유가 녹아 있다.

역은 '생명살림'이다

음양의 변화는 자연의 생명변화이다. 내 몸의 세포 같은 미세한 단위로부터 하늘과 땅이라는 거대한 단위에 이르기까지 세계는 지

씨앗은 생명의 핵[仁]이다. ⓒ이선녕

금도 끊임없이 변화하고 있다. 변화한다는 것은 살아있다는 것과
같은 말이다. 『주역』에 "생명작용이 끊임없이 일어남을 역이라 한
다[生生之謂易]"라는 구절이 있다. "하늘과 땅의 큰 덕은 생명을 살
리는 일이다[天地之大德曰生]"라는 구절도 있다. 왜 하늘과 땅을 말
하는가? 하늘과 땅은 양과 음의 대표적 상징이다. 세계가 생성 변
화하는 중심축이다. 하늘은 생명의 시초가 되고, 땅의 작용으로 생
명은 구체화 된다. 『주역』에 하늘을 상징하는 '건괘(乾卦, ☰)'와 땅
을 상징하는 '곤괘(坤卦, ☷)'가 가장 먼저 나오는 이유이다.

　특히 건괘는 우주적 생명 작용의 원리와 특징을 설명한다. 그
런데 처음 만나는 건괘에는 달랑 '원형이정(元亨利貞)'이라는 말만
쓰여 있다. 다음 괘인 곤괘도 '원형이빈마지정(元亨利牝馬之貞)'만이
쓰여 있다. 빈마는 암컷 말이란 뜻이다. '암말'을 덧붙여 곤괘가 여
성성을 지닌다는 의미를 추가할 뿐, 두 괘는 '원형이정'이라는 암호
같은 문구로 보는 이를 당황하게 한다. '원형이정'은 순리롭고 자연

스러움을 가리키는 말이다. "일이 원형이정으로 되었다"라고 한다면, 이는 어떤 일이 자연의 순리에 따라 바르고 원만하게 잘 처리되었다는 뜻이다.

원형이정은 봄·여름·가을·겨울 사계절의 특성을 요약하는 말이기도 하다. 봄은 으뜸 원(元)으로 상징된다. 『주역』에는 원(元)이 "모든 선의 으뜸[善之長]"이라고 쓰여 있다. 봄이 왜 선한 것 가운데 으뜸인가? 봄은 만물을 차별 없이 살리는 생명살림의 마음을 지니고 있다. 『주역』은 그러한 마음을 '인(仁)'이라 한다. '원(元)'과 '인(仁)'은 그 내용이 같다. 그래서 "만물을 낳고 살리는 하늘과 땅의 마음[仁]을 체득해야 윗사람 노릇을 제대로 할 수 있다(「문언전」, 건괘)"라고 옛사람들은 말한다. 또 식물의 씨앗을 인(仁)이라고 한다. 복숭아씨를 도인(桃仁)이라 하고, 살구씨를 행인(杏仁)이라 한다. '씨앗'은 생명의 핵이다. 몸이 마비된 것을 '불인(不仁)하다'라고 표현하기도 한다. 생명의 기운이 통하지 못하기 때문이다. 이처럼 인(仁)은 사람들 사이에서 권장되는 윤리적 덕목에 그치는 것이 아니라, 세상 모든 생명을 향한 측은지심으로 확장된다. 뭇 생명들을 살리고자 하는 마음이다. "인이란 사람다움이다[仁者人也]"라고 하는데, 사람다운 사람은 뭇 생명을 귀하게 여기고, 너와 내가 다 잘 살게 노력하는 사람이라 할 수 있다.

형·이·정도 알고 가자. 여름은 형(亨)과 예(禮)로 특징된다. '형'은 형통함이고, '예'는 "아름다움의 모임[嘉之會]"이라는 것이 『주역』의 설명이다. 봄에 소생한 어린 생명은 여름을 맞아 아름답고 싱싱하게 성장한다. '예'를 갖추려면 다듬고 꾸미듯, '예'는 아름다움과 상통한다. 가을은 이로움[利]과 의로움[義]의 계절이다. 가을은 풍성하게 수확하는 계절이지만 거둘 것과 버릴 것을 가르는 심판의 계절이며, 수확한 것을 공평하게 나누어야 하는 정의(正義)가 요청되는 시기이기도 하다. 그래서 『주역』은 이(利)에 대하여 "의로움과 조화를 이룬다[義之和]"라는 해설을 더한다. '이로움'과 '의로움'이 균형과 조화를 이룰 때 모두가 기쁠 것이다. 겨울은 '곧고 단단하다'는 의미의 정고(貞固)로 표현된다. 나무들은 겨울을 맞아 생명의 기운을 땅속으로 끌어내려 굳게 지킨다. 돌아올 봄을 준비하며 버티는 겨울의 미더움에 대해 『주역』은 "일의 근간[事之幹]"이라는 해설을 붙인다.

이제는 잘 쓰지 않는 잃어버린 말인 원형이정은 예전에는 자녀들의 이름을 지을 때 단골로 쓰였다. 어릴 적 아버지는 우리 4남매에게 아명(兒名)을 지어줬는데, '착하', '잇뿌', '깃뿌', '믿뿌'이다. 『주역』을 공부한 후에야 그것이 원형이정의 변주임을 알게 되었다. 봄의 선(善), 여름의 아름다움[嘉], 가을의 기쁨[利, 義], 겨울의 미더움[幹]이다. 자녀들이 순리에 따라 자연을 닮은 삶을 살기를 바랐을까?

정리해 보자. 『주역』은 건과 곤, 하늘과 땅을 내세워 사계절 자연의 섭리와 생명 작용을 원형이정으로 설명하고, 그로부터 자연을 닮은 인간의 길을 제시한다. 그것은 한마디로 상반된 힘의 상호작용을 통한 생명살림의 길이다. 지금을 사는 우리에게도 꼭 필요한 덕목이 아닐 수 없다.

5

우주의 세 기둥 :
하늘, 땅, 사람

『주역』과 관련하여 동북아시아인의 사유를 구조화하는 대표적인 틀로는 음양과 오행 그리고 천지인 삼재(三才)를 들 수 있다. 전국 시대 이후로 음양오행은 마치 한 단어인 것처럼 쓰이게 됐지만, 본래부터 하나의 체계는 아니라고 한다. 『주역』의 「경(經)」에서든 「전(傳)」에서든 어디에도 '오행'이라는 단어는 없다. 반면 음양과 천지인 삼재는 「전」에서 분명하게 언급된다. 이론적 전개도 뚜렷하다.

음양적 사유에 대해서는 이미 살펴보았으니, 여기서는 동북아시아 문화의 큰 줄기이자 특히 한국의 사상사와 문화사를 관통해 내려온 '천지인' 삼재 사상에 대해 알아보자.

우주를 셋으로 구분하는 세계관

천지인 삼재는 우주를 셋으로 구분하는 사고방식의 하나이다. 이러한 사고방식은 동서양을 막론하고 고대로부터 광범위하고 다양하게 나타난다.

세상을 셋으로 구분해 설명하는 이른바 3수의 세계관은 샤머니즘에서 두드러진다. 동아시아의 샤머니즘에서는 이 세계를 천상 – 지상 – 지하 또는 하늘 – 땅 – 물속 세계로 구분한다. 이 3개의 세계를 관통하는 것은 나무인 경우가 많다. 땅속에 뿌리내리고 하늘을 향해 뻗어 있는 나무를 그 세계의 중심으로 보아 이를 우주나무라고 부른다. 우리의 경우는 환웅이 내려왔다는 백두산 신단수가 우주나무가 되겠다. 아직도 전통을 중시하는 지방에 가면 볼 수 있는 긴 막대 위에 새를 매단 솟대는 우주나무의 흔적이라 한다.

서양에도 이러한 관념이 있어서 '이그드라실(Yggdrasil)'이라 불리는 북유럽의 우주나무 역시 천상계[신계] – 지상계[거인계] – 지하계[죽음계]를 이어준다. 그리스 신전의 무녀는 세 발 의자에 앉아서 신탁을 받는다. 많은 사람들이 즐겨 본 애니메이션 〈인어공주〉에서, 인어공주의 아버지 포세이돈은 삼지창을 들고 다니며, 힌두교의 시바신도 창조, 유지, 파괴를 상징하는 삼지창을 들고 다닌다. 모두 그러한 사고의 연장에서 볼 수 있는 상징들이다.

『주역』의 천지인 삼재론은 인문적 색채가 농후하다는 점에서 샤머니즘과는 뚜렷한 거리가 있다. 샤먼을 가리키는 글자인 '무(巫)'에 대해 『설문해자』에서는 "주술을 뜻하며, 두 사람이 등을 맞대고 있는 모양"이라고 풀이한다. 샤먼은 하늘과 땅을 이어주는 제사장으로서 그 위상이 크다. 하지만 그렇다고 샤머니즘을 인도주

시흥시(김종환 시민필진), 호조벌 솟대 풍경,
공공누리 제1유형, 2019.

천상계와 지상계, 지하계를 그린
이그드라실 상상도. Chat GPT 40

의 사상이라고 하지는 않는다. 『주역』의 천지인 삼재론은 유학(儒學)의 인문주의와 결합하여 인간의 존엄성을 중심으로 발전해나가는 특징을 지닌다. 다만 『주역』 천지인 삼재의 휴머니즘은 서구 근대의 배타적 휴머니즘과는 사상적 문화적 토대를 전혀 달리한다는 점을 미리 언급해 두어야겠다.

천지인 삼재의 인간론: 세계와 소통하는 주체

천지인 삼재 사상을 한마디로 하면 "하늘과 땅의 소산인 인간, 그러나 하늘과 땅이 만물을 낳고 기르는 사업에 참여하여 그것을 완수하는 귀한 존재인 인간"으로 요약된다. '삼재'는 세 개의 기둥이라는 말로, 천지인 삼재는 '우주를 지탱하는 세 기둥이 하늘, 땅, 사람'이라는 뜻이다. 『주역』에서 천지인 삼재(三才)를 직접 언급한 곳은 두 군데이다. 『주역』의 기록은 이렇다.

"역(易)은 넓고 커서 모든 것을 다 갖추고 있다. 다시 말해 천도(天道)가 있고, 인도(人道)가 있으며, 지도(地道)가 있다. 한 괘의 여섯 효는 다름 아닌 천지인 삼재의 도리이다."

『주역』은 64개의 괘로 이루어져 있고, 한 괘는 6개의 효로 이루어져 있는데, 그것이 담고 있는 내용과 범위가 '천지인 삼재의 도리'라는 것이다. 『주역』에서 천지인 삼재에 대한 설명은 음양론과 결합하여 좀 더 상세하게 펼쳐진다. "하늘의 길은 음과 양으로 세우고, 땅의 길은 부드러움[柔]과 단단함[剛]으로 세우며, 사람의 길은 어짊[仁]과 의로움[義]으로 세운다"라고 하였다. 천·지·인이 각기 음양의 대립면을 지니며 그 밀고 당김에 의해 이 세상이 돌아간다는 것이다. '단단함'과 '어짊'이 양(陽)의 작용을 하며, '부드러움'과 '의로움'은 음(陰)의 작용을 한다.

세계를 천 – 지 – 인으로 범주화 하는 방식은 동북아시아의 전통 사회에서 친숙한 것이었다. 역대 최고의 문학이론서로 불리는 중국 남조시대 유협의 『문심조룡(文心雕龍)』에서는 도(道)는 천문 – 지문 – 인문으로 그 아름다움을 드러낸다고 한다. 문(文)은 '문장'이라는 뜻 이전에 '꾸밈'이라는 뜻이 있다. 갑골에도 있는 '문'자는 본래 가슴에 문신을 해서[♀] 아름답게 꾸민 모습을 형상화 한 것이다. 그래서 '문(文)'은 '무늬'라는 뜻을 지닌다. 천문(天文)은 해, 달, 별이 펼쳐져 빛나는 것이고, 지문(地文)은 산과 하천이 비단처럼 펼쳐져 온갖 동물과 식물이 제 아름다움을 뽐내는 것이다. 유협은 인문을 설명하며 성령(性靈)을 지녔고, 오행의 빼어난 기운으로 이루어진 천지의 마음이 바로 사람이라고 한다. 이렇게 천지인 삼재가 성립된다. 마음이 있어서 언어가 생기고, 문장으로 그 마음을 아름답게 표현하는 것이 인문(人文), 사람의 무늬이다.

삼재를 말할 때 천 – 인 – 지의 순서를 취하기도 하고, 천 – 지 – 인이라고 할 때도 있다. 전자가 하늘과 땅 사이에 사람이 살아간다는 공간적 묘사라면, 후자는 천지(부모)의 교섭 작용으로 사람과 만물이 생겨난다는 발생론적 관념이 들어 있다.

『주역』64괘가 형성되기 이전, 그 기초가 되는 8괘는 건곤(乾坤)이라는 2개의 부모괘가 나머지 6개의 자식괘를 낳는다. 건곤부모는 진(震), 감(坎), 간(艮)이라는 세 아들과 손(巽), 리(離), 태(兌)라는 세 딸을 낳아, 8명으로 구성된 우주가족이 형성된다. 하늘과 땅의 소산이라는 점에서 인간은 다른 만물과 동일한 존재론적 기반을 지닌다. 북송시대 장재(張載)의 「서명(西銘)」은 이러한 역의 정신을 잘 드러낸 작품이다.

> "하늘을 아버지라 부르고 땅을 어머니라 부르니, 내 작은 몸 그 가운데 섞여 있네. 그런 까닭으로 천지의 가득한 기운은 내 몸이 되고, 천지를 주재하는 것이 내 본성이 된다네. 백성들은 나의 동포이며, 만물을 나와 더불어 살아가는 것들이라. 천하에 병들고 장애가 있는 자, 고아, 과부, 홀아비, 자식 없이 노쇠한 자는 거꾸러졌으면서도 하소연할 곳조차 없는 나의 형제들일세."

이 세계의 존재자들은 돌멩이 하나까지도 모두 다 하늘과 땅이라는 부모에게서 나왔다. 그런 점에서 사람은 그 외 존재자들과 천지부모의 기운을 나누어 받은 '동기간(同氣間)'이다. 형제자매의 사이를 칭하는 '동기간'이라는 말은 어느새 잘 쓰지 않는 낯선 용어가 되어 버렸다. 어릴 적에는 "동기간에 사이좋게 지내야지"라는 어른들의 말씀을 종종 듣곤 했다. '동기간(同氣間)'이라는 글자를 살펴보면 '(부모의) 기운을 한가지로 지닌 사이'라는 뜻이다. 나와 우주의 모든 존재자는 가깝고 먼 차이는 있어도 서로 하나의 기운으로 연결된 생명들이다. 그러니 천지인 삼재로서의 인간은 하늘과 땅을 향해 열려 있는 존엄한 존재이다. 하지만 저 홀로 잘난 독불장군이 아니다. 우주적 연대 의식 속에 타자와 더불어 살아가는 주체가 바로 역(易)이 말하는 인간의 모습이다.

　퇴계 이황은「서명」의 뜻을 상세하게 해설하였다. 그는 공부란 궁극적으로 만물일체의 인(仁)을 지향해 가는 것이지만, 그 실천은 나와 가장 가까운 가족에 대한 사랑의 마음을 기준으로, 그 마음을 미루어 이웃과 사회로, 천지만물로 확대해 나아가야 한다고 했다. 그러한 구별이 의(義)이다.

　「서명(西銘)」은 '서쪽 벽에 붙인 좌우명'이라는 뜻이지만, 본래의 제목은「정완(訂頑)」이었다. '정완'은 '완고한 것을 바로잡는다'는 말이다. 퇴계는 '완고함'이란 마음이 돌처럼 굳어있는 것이라 하였다. 단단하게 굳어 있는 마음을 녹여서 생명의 기운이 순환하도록 하는 것이 '완고함을 바로잡는다'는 뜻이다. 완고함을 녹이는 방법은 '인(仁)', 다시 말해 '측은지심'이다. 완고함이란 측은지심이 마비된 상태이다. 나와 가장 가까운 대상에서부터 하나하나 측은지심을 회복해 나가서 궁극적으로는 천지만물에 대한 측은지심을 회복해 나가는 것이 들뜨지 않고 착실하게 자신의 자아를 확립해 가는 길이라고 퇴계는 말한다. 보통 사람은 내 가족을 남보다 더 사랑한다. 그래서 그렇게 행동한다. 그러면 그것은 가족 이기주의이며, 만물일체의 인(仁)과는 모순되는가?

　이렇게 생각해 볼 수 있다. 이 험한 세상에서 그래도 가장 진실한 마음을 경험할 수 있는 곳이 가정이다. 그 마음을 놓치지 않고 붙들어 타자를 대하는 표준으로 삼는 것이다. 그러한 마음을 미루어 이웃을 대하고, 만나는 이들을 대한다. 그리고 그 마음을 미루어 동물과 식물 기타 생명을 아낀다. 이것이 분별애와 겸애의 미묘한 균형이며, 인(仁)과 의(義)의 콜라보이다.

퇴계는 나를 진실로 사랑할 수 있고, 내 가족을 진실로 사랑할 수 있어야, 만물일체의 사랑으로 참되게 나아갈 수 있다고 말한다. 그렇지 않다면 만물일체의 사랑이란 그저 관념적 구호에 그치는 것일 뿐이다. 사람이 천지만물과 존재론적 기반이 같다고는 하지만, 우주적 연대 의식 속에 타자와 더불어 살아가는 주체는 거저 되는 것이 아니다. 나와 가장 가까운 곳으로부터 한 걸음씩 두 걸음씩 나아가야 한다. 우리는 나 자신과 내 가족을 진실로 사랑하는가?

『주역』에서 말하는 천지인 삼재로서 인간의 위상은 『중용』의 첫머리에도 잘 설명되어 있다. 사람이 그 마음의 중심을 잘 잡고, 그 마음을 잘 실현하면, 그가 속한 천지가 자기 자리를 잡고, 그 천지에 속한 구성원들이 다 평화로운 삶을 누릴 수 있다는 것이다.

"희로애락의 감정이 아직 일어나지 않은 것을 중(中)이라 하고, 그 마음이 일어나 다 절도에 맞게 발현이 되는 것을 화(和)라고 한다. 중화(中和)를 잘 이루면, 하늘과 땅이 자리 잡고, 만물이 자라난다."

내가 내 마음의 중화를 잘 이룬다면, 우선 나 자신이 편안하고, 나의 가정, 내가 속한 사회적 공간이 편안할 것이다. 천지인 삼재론은 인간의 위대성이 '하늘과 땅이 만물을 낳고 기르는 일에 참여하여 그 사업을 완성하는 존재'라는 데 있다고 한다. 인간은 그러한 점에서 존엄하며 세상의 중심이다.

오늘날 필요한 것은 특정한 부류의 인간만을 주체로 상정한 오만불손한 인간관이 아니다. 우리에게는 새로운 휴머니즘이 요청된다. 타자와 존재론적으로 소통하면서도 그 자신의 존귀함을 담보할 수 있는 그런 종류의 휴머니즘이 필요하지 않을까? 이러한 요청에 답할 수 있는 모델의 하나로 보편과 특수, 인과 의의 긴장과 균형을 말하는 『주역』의 인간관을 돌아보아야 하리라 생각한다.

인(仁)을 체화함으로써 남들의 어른이 될 수 있다.
일상의 모든 언행을 아름답게 함으로써 예(禮)에 부합한다.
만물을 이롭게 함으로써 의(義)를 조화롭게 한다.
바르고 굳셈[貞固]으로써 일을 주관한다.
군자는 이 네 가지를 행하는 사람이다.

－「문언전」, 건괘

亨

삶의
뿌리를 찾아서

1

홍익인간:
이질성과 다양성을 융합하는
한민족의 헌법

단군신화는 한국인의 사상적 고향

『주역』과 한국철학을 전공한 필자에게 단골로 주어지는 수업의 하나가 한국사상사 과목이다. 첫 주 오리엔테이션 시간을 지난 후, 본격적으로 학생들이 만나는 주제는 단군신화다. 가을학기에는 개천절이 있어서 좀 더 실감이 난다. 통상 다음과 같은 문답으로 그 문을 연다. "10월 3일이 무슨 날인가요?" "개천절이요." "개천절이 뭐 하는 날인데요?" "단군이 나라를 세운 날이요." "그렇죠. 나라를 세운 날이죠. 그러니 다시 말하면 건국절 아닌가요?" 처음 듣는 이야기에 순간 솔깃, 알쏭달쏭한 표정을 짓는 학생들을 바라보며 슬쩍 미소를 짓는다.

단군신화는 한국인의 사상적 고향과 같은 이야기이다. 건국신

단군신화가 꽃핀, 물안개가 피어나는 백두산 천지.

주역周易의 눈

화는 그 신화를 공유하는 집단의 정체성을 형성하는 기틀이 되는 고전이다. 어릴 적부터 익숙해져 무의식의 뿌리를 이루는 문화 기풍과 그 잠재적 영향력은 어마어마한 것이 아닐까? 세계 여러 나라의 신화를 다 읽는다 하더라도 한국인에게 단군신화는 나의 이야기이고, 기타 신화들은 주변의 이야기이다.

그런 만큼 단군신화에 대해서는 여러 분야의 많은 논의가 있다. 단군신화가 지닌 샤머니즘의 기반에 주목하기도 하고, 고려 후기의 기록이니만큼 그에 섞여 들어간 불교적 요소, 유교 윤리적 요소를 지적하기도 한다. 더 나아가 기독교 삼위일체 사상과 비교해 보기도 한다. 이처럼 단군신화를 해명하는 다양한 관점이 있지만, 필자는 상반상성(相反相成)의 관계론, 천지인 삼재(三才)의 인간론으로 그 의미를 드러내 보려 한다.

하늘, 땅, 사람이 함께 기뻐하다

단군신화에 대해 우리에게 남아 있는 가장 오래된 기록은 고려 후기 일연 스님이 지은 『삼국유사』이다. 비록 13세기 기록이지만, 일연은 기원전 2333년의 조선 건국을 말하고 있고, 또 『위서(魏書)』니 『고기(古記)』니 하여 몇 가지 문헌 근거를 들고 있다. 그런 면에서 단군신화는 그 연원이 오래되었고, 적어도 고려 후기 사람들의 의식 속에 단군은 이미 오래도록 익숙한 존재였으리라 생각할 수 있다. 이를 전제로 이야기를 풀어가도록 하자.

단군신화의 구조를 살펴보면, 하늘의 이야기, 땅의 이야기, 인간의 이야기로 구성되어 있다. 하늘 무대에서는 환인과 환웅이 주연이고, 땅의 무대에서는 범과 곰이 주역이다. 거기에 하늘과 땅,

즉 환웅과 웅녀의 결합으로 인간 단군이 탄생한다. 구조 자체가 상반상성(相反相成)의 대대(對待)와 천지인 삼재의 틀을 지니고 있다. 하늘로 상징되는 신성(神性)과 땅으로 상징되는 물성(物性)은 상반되지만 서로 배척하지 않고 함께 어울려 마침내 사람으로 결실을 본다. 이처럼 단군신화의 인간상은 신성과 물성이 함께 어울려 균형을 이루며 어느 한편을 거부하지 않는다. 이러한 사상은 대립되는 성질의 균형과 조화를 통해 새로운 변화가 이어진다는 역(易)의 사고를 배경으로 한다.

아울러 단군신화에는 상대를 너그러이 수용하는 평화의 기상이 깔려 있다. 하늘에서는 환인과 환웅 부자가 서로의 뜻을 존중하고, 땅에서는 서로를 용납할 수 없을 것 같은 두 맹수가 그런대로 한 공간에서 기거한다. 여기에는 어떠한 갈등의 요소를 발견할 수 없다. 환웅은 널리 세상을 이롭게 하려고 이 땅에 내려왔고 곰에서 변화한 여인은 그와 혼인하여 단군을 낳았으니 하늘과 땅과 사람은 서로를 살리는 관계라 할 수 있다. 이러한 상생의 정신은 우리 역사에서 면면히 이어져 왔다. 하나의 사례로 고려의 의종은 "신라에서는 선풍(仙風)이 크게 행해져 하늘이 기뻐하고 백성과 만물이 안녕하였다"고 말하며, 팔관회를 고풍(古風)대로 행하라는 교지를 내린 바 있는데, 여기서도 '천·지·인이 함께 기쁘고 안녕하다'는 관념이 신라를 거쳐 고려에 이르도록 꽤 오랜 전통으로 이어졌음을 볼 수 있다.

인간, 세계와 소통하는 주체
필자의 세대에게 익숙한 단군과 단군신화에 관한 인상은 '혈연적

민족주의'로 요약할 수 있을 것 같다. '우리는 한 겨레', '단군의 자손', '단일민족', '배달민족' 등의 단어가 연상되어 따라 나온다. 아마도 20세기 후반에 받아온 교육의 영향이 크다고 생각된다. 지금의 공교육을 받고 자라는 세대는 단군과 단군신화에서 무엇을 떠올릴까? 무엇을 생각하든 '홍익인간(弘益人間)'과 '재세이화(在世理化)'는 빠지지 않을 듯하다.

　필자는 단군신화를 찬찬히 들여다보면서 막상 그 내용에서는 혈연적, 그리고 배타적 민족주의의 요소를 발견할 수 없다는 사실에 새삼 놀랐다. 다시 읽은 단군신화는 오히려 탈민족적 보편이념으로 충만해 있었다. '널리 인간 세상을 이롭게 한다', '이 세상에 있으면서 이치로 다스리고 감화한다'는 사상에 지역적, 계급적, 인종적 폐쇄성은 없다. 단군신화는 다른 이들을 향해, 그리고 하늘과 땅을 향해 열린 인간 주체를 말한다. 생태학적으로 인간과 자연이 함께 살아가는 세계관을 담고 있다. 홍익인간(弘益人間)이라 할 때의 '인간 세상'과 재세이화(在世理化)라 할 때의 '세상'이라는 무대는 단순히 인간사회를 의미하는 차원을 넘어 하늘·땅·사람이 함께 어우러지는 그러한 세상이라 생각된다.

　천지인 삼재로서의 인간은 우주 안의 다른 존재자들과 생명의 연대 의식을 지니면서 다 함께 살아가고자 하는 주체이다. 신시(神市)는 그러한 이상을 이루어가는 구체적 시공간을 의미하지 않을까? 하늘과 맞닿은 백두산[太白] 꼭대기 신단수(神檀樹) 아래는 생명의 중심이자 삶의 원천으로서, 이 신화를 공유하는 집단이 늘 마음 한 칸을 비워 간직해야 할 신성한 공간이다. 이 신성한 '신시(神市)'의 꿈은 저세상이 아니라 이 세상에서 이루어야 할 일이다. 단군신화에 담긴 인간의 모습은 삼재(三才)의 인간론이 풍성하게 피어난 한국적 열매이다.

홍익인간, 모든 인류를 위한 행복과 평화

루마니아 출신의 작가 콘스탄틴 비르질(C.V.) 게오르규(1916~1992). 장년층 이상의 독자는 『25시』라는 그의 작품과 안소니 퀸이 주연으로 열연한 같은 제목의 영화를 기억할지 모르겠다. 세계대전과 이어진 냉전의 시대를 예민하게 살았던 그는 '25시'라는 설정을 통해 우리에게 호소한다. 24시가 지나도 새날이 시작되지 않는 극단적 절망의 현재(당시)가 25시이다. 1945년 2차 세계대전이 끝날 무렵에 한국이라는 나라의 존재와 그 처지를 듣고 게오르규는 한국의 역사에 깊은 관심을 갖는다. 그 후 여러 차례 한국을 방문한 그는 특히 단군신화의 '홍익인간'과 태극기의 문양, 거기에 담긴 정신을 높이 평가한다. 그가 한국에 관해 쓴 원고와 강연 모음이 『25시를 넘어 아침의 나라로』(1987)라는 제목의 책으로 출판되기도 했다. 한국과 한국인에 관한 게오르규의 통찰을 보자. 그는 '비단옷을 만드는 종교'라는 글에서 '홍익인간'의 이념에 대해 이렇게 말한다.

> "단군은 민족의 왕이며 아버지이며 주인이다. 그가 한국
> 민족에게 내린 헌법은 한마디로 요약된다. 그것은 홍익인
> 간(弘益人間)이다. 가능한 한 많은 사람에게 복을 주는 일
> 이다. 단군 이래 한국인은 다른 많은 종교를 받아들였지만
> 단군의 법은 5천여 년 동안 계속 유지되고 있다. 왜냐하면
> 단군의 법은 어떠한 신앙과도 모순이 되지 않기 때문이다.

그것은 결국 모든 종교나 철학의 이상적인 형태로, '최대한의 인간을 위한 최대한의 행복' 또는 모든 인류를 위한 행복과 평화이다."

게오르규는 '홍익인간'의 이념을 한민족의 '헌법'이라 표현하였다. '홍익인간'이 어떤 법 어떤 명령보다 우선하는 최고의 법규라는 말이다. 우리 역사를 가로지르는 영원한 이상인 '홍익인간'의 이념은 '모든 종교나 철학의 이상적 형태'이며 '어떤 종교적 신앙과도 모순되지 않는' '모든 인류를 위한 행복과 평화'의 길을 보여준다고 그는 말하고 있다. 오늘날 한국인들이 숙고해야 할 통찰이 아닐까? 그는 또 "나는 『25시』에서 직감적으로 '빛은 동방에서 온다'라고 말한 적이 있는데, 사람들은 그 동방이 마오쩌둥의 중국을 가리키는 줄로 생각하지만, 내가 말한 동방은 당신네들의 작은 나라 한국에 적용되는 말입니다. 이것은 인사치레로 과장해서 하는 말이 아닙니다(『25시를 넘어 아침의 나라로』)"라고도 했다. 한국인들은 온갖 고난을 이겨내고 우뚝 선 『성경』의 욥과 같은 존재들이라고 했다. 흑암에 싸인 베들레헴의 작은 마을에서 빛이 일어난 것을 아무도 몰랐던 것처럼, 25시를 넘어서는 인류의 빛은 아주 작은 곳(한국)에서 비쳐올 것이라고 게오르규는 힘주어 말한다.

게오르규가 한국의 찬란한 미래를 예언했다고 이야기하려는 것이 아니다. 통찰의 근거가 된 단군신화, 태극기와 같은 우리 문화를 우리도 진지하게 다시 성찰해보자는 말을 하고 싶은 것이다. 한 서양 지성인의 통찰을 계기로, 내가 누구인지 되돌아보고 내 안의 보석을 찾아 나가자는 말이다.

오래된 미래로서 건국신화

이제 오늘날 단군신화를 어떻게 읽어야 할지 생각해 보자. 단군신화는 더 이상 혈연적 민족주의라는 울타리에 갇혀서는 안 된다. 단군신화는 한국인의 시원(始原)을 말해주는 뚜렷한 기준점이지만, 민족을 넘어 인류적 차원으로 나아갈 수 있는 확장성과 소통성을 지니고 있다. 한국은 이미 다양한 인종과 다양한 문화가 더불어 살아가는 사회이다. 통일을 대비함에 있어서도 단일민족 프레임은 이미 너무 낡았다. 이질성과 다양성을 통합하는 주체로서의 새로운 인간상이 더 바람직하다. 한국 사회는 지금 온갖 종류의 분열과 갈등에 시달리고 있다. 투쟁, 차별, 혐오, 각자도생 대신에 협력, 대화, 소통을 통해 함께 살아나갈 길을 모색해야 한다.

일연 스님은 단군신화를 『삼국유사』의 제일 첫머리에 배치하였다. 우리 문화유산을 갈무리한 책의 첫머리에 단군신화를 배치한 의미를 소홀하게 생각할 수는 없다. 『삼국유사』에는 스님이 지은 책답게 불교의 구도 설화도 여러 편 들어 있다. 가만히 살펴보면 『삼국유사』에는 단군신화에서 보이는 홍익인간의 이념, 즉 천지인 삼재 사상, 상생과 화합의 정신, 신시(神市)의 이상이 전체를 관통하면서 다양한 형태로 구체화되어 있음을 발견한다.

만파식적(萬波息笛)과 처용설화를 보자. 만파식적은 낮이면 둘로 벌어졌다가 밤이면 하나로 합하는 대나무로 만든 피리이다. 국가가 위난에 처했을 때 불었더니 적군이 물러가고 병(病)이 나으며 파도가 잦아들었다고 한다. '갖은 파도를 잠재우는 피리'의 이야기는 음악과 문화를 역동적으로 운영하여 위기를 극복함을 상징적으로 표현한다 하겠다. 동해 용의 아들인 처용랑은 그의 아내와 역병 귀신이 한자리에 누운 장면을 목격하고도 폭력이 아니라 춤과 노래로 대처하였다. 아마도 용의 아들이 역병 귀신보다 더 큰 힘을 지녔었나 보다. 역병 귀신이 감동하여 스스로 굴복했으니 말이다. 이야기는 사람들이 처용의 얼굴 그림을 문에 붙여 역병을 피할 수 있는 복을 얻는 것으로 끝이 난다. 춤, 노래, 그림으로 승화된 휴머니티가 모두를 보호하고 치유하는 차원으로 확장되었다.

시대를 비약해서 〈나의 아저씨〉, 〈우리들의 블루스〉와 같은 K-드라마가 보여주는 한국 특유의 휴머니티와 갈등 해소 방식의 무의식적 원천은 무엇일까? 미워도 존재 자체로 존중하며 함께 살기를 포기하지 않는 상생 의식일 것이다. 그 마음의 원천을 『삼국유사』와 단군신화에서 찾을 수 있다고 한다면 터무니없는 이야기일까? 그리고 그 바탕에는 음양의 상생적 관계 맺음을 통해 생명살림의 인(仁)을 지향하는 역학적 사유가 자리하고 있다고 한다면 말이다.

일연 스님은 속세를 등진 수도자가 아니라 고려라는 나라의 정신적 스승인 국존(國尊)의 지위에 있었다. 건국신화인 단군 이야기를 첫머리에 배치해 고려의 국정철학을 제시한 것이 아닐까 생각해 본다. 그것은 한 왕조의 이야기에 그치는 것이 아니라, 오늘날 새로운 형태로 창조되어야 할 생명의 원천이다. 단군신화는 오래된 이야기지만 오늘도 한국의 미래를 비추는 영원한 거울이 아니겠는가?

2

신라의 '주역' 문화 :
'이견대'와 '만파식적'

이견대(利見臺)를 아십니까?

어느 해 감포 바닷가에서 새해 해돋이를 마중한 적이 있다. 문무대왕 수중릉, 일명 '대왕암'이 바라보이는 바로 그곳이다. 수많은 해맞이 인파 사이에서 적잖은 무속인들이 기도를 올리던 모습은 미처 예상치 못한 풍경이었다. 호국의 용이 되어 동해를 지키겠다는 대왕의 염원이 수천 년을 넘어 이어지는 역사의 장엄함과 개인적 구복이 뒤얽힌 오묘한 현장이었다.

감포에는 삼국통일을 이룬 문무왕과 관련된 유적이 또 있다. '감은사지'와 '이견대(利見臺)'가 그것이다. 감은사(感恩寺)는 문무왕이 왜구를 진압하겠다는 염원으로 짓기 시작했는데 완공은 아들인 신문왕대에 이루어졌다. 신문왕은 용이 절에 드나들 수 있도록

만파식적 이야기가 서린 경주 이견대(사적 제159호).

동해 쪽으로 통로(구멍)를 뚫어 두었다고 한다. 그리고 후에 용이 나타난 곳을 '이견대(利見臺)'라 하였다.

'이견대'는 현재 감은사지와 대왕암 사이에 위치해 있다. 그곳에서 대왕암이 건너 보인다. '이견대'의 자세한 유래는 『삼국유사』의 '만파식적(萬波息笛)' 이야기에서 짐작할 수 있다. 이 이야기에서 나뉘었다 합했다 하는 대나무의 진상을 파악하기 위해 신문왕이 거동한 장소가 바로 이곳 '이견대'이다.

'이견대'는 『주역』과 관련이 있다. 『주역』을 아는 이라면 '이견대(利見臺)'라는 이름에서 건괘(乾卦)에 나오는 '이견대인(利見大人)'과 문무왕을 연상하기 마련이다. '이견대인'은 '대인을 만남이 이롭다'는 뜻으로, 이때의 '대인'은 임금 또는 성인(聖人)을 상징한다.

『주역』건괘, 육룡이 날으샤

『주역』은 모두 64개의 괘(卦)로 구성되어 있다. 하나의 괘는 6개의 선(line)으로 이루어지는데, 이 선을 가리켜 '효(爻)'라고 부른다. 효는 음 또는 양으로 구성되고, ▬▬과 ▬의 기호로 표시된다. 『주역』의 64괘 가운데 처음 만나는 괘가 하늘을 상징하는 건괘(乾卦)이다. 건괘는 양(陽), ▬으로만 구성되어 있다. 즉 6개의 양효(陽爻)로 이루어져 있는 것이다. 땅을 상징하는 곤괘(☷)는 여섯 효가 모두 음(陰), ▬▬이고, 건과 곤을 뺀 나머지 62괘는 음효와 양효가 섞여 있다. ☳, ☶, ☵과 같은 식이다.

　　다시 건괘로 돌아오자. 하늘을 상징하는 건괘의 효는 용(龍)으로 이해된다. 즉 건괘는 여섯 용의 움직임을 나타내는데, 이 용은 제왕의 상징이기도 하다. 태종무열왕(김춘추)릉비의 머리에 새겨진 여섯 마리 용이 그것이다.

신라 태종무열왕릉비 귀부와 이수(국보), 유리건판, 국립중앙박물관 소장.

훈민정음이 제정되고 만들어진 『용비어천가』에서 "해동 육룡이 ㄴㆍㄹ샤 일마다 천복(天福)이시니"라고 노래한다. 이때의 '육룡' 역시 건괘의 여섯 용 관념에서 온 것이다. '용비어천(龍飛御天)'은 "때에 맞춰 여섯 용을 타고 하늘을 다스린다"는 건괘의 일부 내용을 축약한 말이다. 『용비어천가』 이야기가 나온 김에 먼저 건괘(☰)의 6개 효에 관한 내용을 하나씩 간략히 살펴보자.

上九 ▬▬▬ 꼭대기까지 올라간 용[亢龍]이니 후회가 있다.

九五 ▬▬▬ 나르는 용이 하늘에[飛龍在天] 있으니

대인을 만남이 이롭다[利見大人].

九四 ▬▬▬ 혹 뛰어도 연못에 있으면 허물이 없다.

九三 ▬▬▬ 군자가 하루 종일 애쓰고 저녁에도 두려워하면

위태로우나 허물은 없다.

九二 ▬▬▬ 나타난 용이 들판에 있으니

대인을 만남이 이롭다[利見大人].

初九 ▬▬▬ (물에) 잠긴 용이니 써서는 안 된다.

초구(初九), 구이(九二), 구삼(九三), … 상구(上九)는 무슨 말일까? 위의 그림에서 구(九)는 양(陽, ▬)을 가리키는 숫자이다. 숫자 9는 양이 극성함을 뜻한다. 극성해 곧 사태가 변화한다는 의미로 역(易)이 변화의 철학임을 말한다. 초(初), 이(二), 삼(三), 사(四), 오(五), 상(上)은 아래로부터 올라가는 효의 자리이다. 초구(初九)는 첫 번째에 자리가 양효(陽爻)이고, 구이(九二)는 두 번째 자리가 양효라는 말이다. 상구(上九)는 꼭대기 자리가 양효임을 말한다.

괘는 아래에서 위로 올라가며 일이 진행되는 흐름을 보여준다. 가장 아래에 있는 용은 물속에 잠겨 있어서 아직 세상에 나설 때가 아니다. 미성숙해서든 때가 이르지 않아서든 자신을 닦으며 기다려야 한다. 두 번째 자리, 구이효의 용은 물에서 땅으로 올라왔으나 들판에 있어서 혼자 힘으로는 일을 이루기 어려운 상태이다. 덕이 있지만 지위가 없는 형상이다. 흔히 공자 또는 순임금이 재야에 있는 상황에 비견된다.

『주역』의 괘는 태극기에서처럼 3개의 효로 이루어진 작은 괘(☰) 2개가 합해진 것이다. 그렇게 보면 건괘(☰)는 ☰+☰ 이다. 구삼효는 아래 단계에서는 꼭대기에 있으면서 분투하지만, 아직 상층부로 진입하지는 못한 단계이다. 정성을 다해 애를 쓰지만, 아직 갈 길이 멀어 전전긍긍이다. 저녁이 되어도 긴장의 끈을 놓을 수 없다.

구사효는 상층부의 아랫자리이다. 가끔 실력 발휘를 하지만 물속의 집을 완전히 떠날 때는 아니다. 한껏 자신을 드러내기보다는 윗사람을 잘 보필하여 자신의 본분을 지켜야 한다. 구오효는 임금의 지위이다. 자신의 역량을 널리 펼칠 수 있는 자리이다. 다만 아랫사람과의 협력이 필수적이다. 상구효(6번째 효)처럼 너무 높이 올라가 있으면 다른 이의 조력을 얻기 어렵다. 자중해야 할 때이다. 전진할 줄만 알고 후퇴를 모른다면 후회가 있다.

'구오'와 '구이', 문무왕과 김유신

건괘에는 '대인을 만남이 이롭다'란 글귀가 구이효(九二爻)와 구오효(九五爻)에 두 번 나온다. '대인'이란 호칭은 두 가지 경우에 붙일 수가 있다. 지위가 높거나, 덕이 높을 때이다. 『주역』에서 '대인'은

주역周易의 눈

최고의 덕을 갖춘 성인(聖人)을 일컫는 경우가 많다. 일반적으로 한 괘에서 '오효'는 임금의 자리이고, '이효'는 신하의 자리이다. '이효'는 지위로는 신하이지만 임금으로서도 예의를 다해 대접할 높은 덕을 지닌 인물이기에 '대인'의 칭호를 쓴다. '구이'의 현자는 임금을 만나 그 능력이 쓰여야 하고, '구오'의 임금은 훌륭한 인재를 얻어 자신의 치세를 펼쳐야 한다. 서로가 '대인을 만남이 이로운' 것이다. 손바닥도 마주쳐야 소리가 난다.

다시 『삼국유사』의 '만파식적(萬波息笛)' 이야기로 돌아가 보자. 문무왕의 아들 신문왕은 어느 날 동쪽 바다 해변에 작은 섬이 감은사를 향해 왔다 갔다 떠다닌다는 보고를 받는다. 천문을 맡은 관리가 점을 쳐 보고는 '선대왕(문무왕)이 바다의 용이 되어 삼한을 수호하고 있고, 본래 33천(天)의 한 분인 김유신이 인간 세상에 대신으로 내려왔는데, 두 분의 덕행이 같으시므로 이제 임금께 큰 보물을 내리시는 것 같습니다'라고 아뢴다. 이에 왕이 '이견대'에 행차하여 산머리에 있는 대나무가 낮에는 둘이 되었다 밤에는 하나로 합한다는 것을 알게 되었다. 왕이 직접 그 산으로 들어가자 용(龍)이 영접하면서 대나무가 둘이 되었다 하나가 되었다 하는 비밀을 아뢴다.

"비유하자면 한 손으로는 쳐도 소리가 없으나 두 손으로 치면 소리가 나는 것과 마찬가지입니다. 이 대나무도 마주 합한 뒤에 소리가 납니다. 어진 임금이 소리로 세상을 다스릴 좋은 징조입니다. 임금께서 이 대나무로 피리를 만들어 불면 온 세상이 평화로울 것입니다. 지금 선대왕(문무왕)께서 바다의 큰 용이 되시고 유신공도 다시 천신(天神)이

되어, 두 분 성인의 마음이 합해 값으로 칠 수 없는 보물을 저(용)로 하여금 바치게 한 것입니다."

'만파식적'의 이야기를 살펴보면 '이견대'의 의미가 더 분명해진다. 문무왕과 김유신은 덕이 높은 임금과 신하다. '구오'의 대인과 '구이'의 대인이라 하겠다. 마음을 합하니 아름다운 곡조에 세상이 평화롭다. 『주역』에서는 이렇게 말한다. "두 사람이 마음을 합하니 그 날카로움은 쇠를 끊어내고, 한 마음으로 하는 말은 그 향기가 난초와 같다." 여기서 두 사람은 문무왕과 김유신 두 개인만을 지칭하는 것이 아니다. 신라 사회 전체로 보면 삼국 유민들의 갈라진 민심, 지역 갈등, 계층 갈등을 봉합하고 모두가 한 구성원이 되는 통합과 평화의 길이 당면한 과제였을 것이다.

'구오'와 '구이'의 협력은 역사 속에 연면한 전통을 지니고 있다. 선양(禪讓)이라는 말이 있다. 왕권을 세습하는 것이 아니라 현인을 가려 권력을 이양하는 것을 말한다. 요(堯)임금은 아들이 있었지만 순(舜)이라는 현인을 찾아 왕위를 물려주었다. 순임금 역시 우(禹)에게 권력을 이양하였다. 본래의 이상(理想)은 세습이 아니라 '선양'이다. 왕조시대에는 세습제도의 한계를 보완하기 위해 '현인정치'를 추구하였다.

조선조를 세우고 기틀을 다진 정도전은 『주역』의 여러 괘에서 '오효'와 '이효'의 내용을 분석하여 임금과 신하가 협력하는 길을 제시하였다. '구이' 대인과 '구오' 대인의 콜라보는 임금과 신하가 함께 다스린다는 이른바 '군신공치(君臣共治)'의 유교적 이상을 드러낸다. 만년(69세)의 퇴계 이황은 10대 후반의 선조(宣祖)에게 작

역(易) 관련 중요한 유적이 있는 경주 감은사지.

감은사지 기단석에 새겨진 태극 문양. ⓒ한국사상연구원

별을 고하며 말한다. "용이란 구름을 만나 비를 내려 만물에 혜택을 주는 것인데, 임금이 아랫사람과 함께 마음과 덕을 같이하지 않으면, 용이 구름을 만나지 못한 것과 같아 만물에 혜택을 주고자 해도 될 수 있겠습니까?" 이황은 영특한 소년 임금이 자칫 꼭대기에 고립된 항룡(亢龍)을 자초할까 간곡한 당부를 남기고 떠났다. 『주역』이 정치에 응용된 사례이다.

오늘날 감은사에는 절터와 쌍탑만이 남아 '감은사지(感恩寺址)'

가 되었다. '감은사지'에는 역(易)과 관련해 중요한 유적이 있다. 기단석에 새겨져 있는 태극 문양이다. 7세기 후반의 이 태극 문양은 그동안 한국에서 발견된 것 가운데 가장 오래된 태극문(太極紋)으로 간주하였으나, 2009년 백제 지역(나주)에서 7세기 전반의 것으로 추정되는 목간에 그려진 태극 문양이 출토되었다. 우리나라에서 태극 문양이 쓰인 역사가 오래되었을 뿐 아니라 여러 지역에서 쓰였음을 추정할 수 있다. 태극 문양은 고려와 조선을 거쳐 오늘날에 이르기까지 한국의 생활과 문화 속에 줄기차게 쓰여 온다.

태극 문양은 문헌상 남송 후기부터 등장하기 때문에 그보다 훨씬 이른 시기인 감은사지의 태극 문양이 반드시 『주역』과 관련되는지 의심하기도 한다. 전문적인 토론을 하자면 끝이 없지만, 『주역』에 분명히 "역(易)에 태극이 있다"고 하였고 복희씨가 8괘를 그렸다는 기록도 있다. '복희 8괘'의 원리를 형상화한 것이 태극 문양이고 보면, 삼국시대의 태극 문양과 『주역』과의 관련성을 한마디로 부정할 수도 없다. '이견대'와 '만파식적'의 사례에서도 보이는 바와 같이 『주역』은 이미 건축물의 이름으로 또 설화 속의 상징물로 등장한다. 고대 사회의 문화 속에 깊게 정착되었음을 확인할 수 있다. 통일 이전의 삼국시대에 이미 '오경박사' 제도가 있어 그 중 '주역박사'가 있었고, 유교의 경전들이 들어와 있었음은 『삼국사기』의 기록에도 쉽게 보인다. 다음에 다룰 통일신라인들의 '동인(東人) 의식'이나 최치원의 '풍류도'에서 역의 사유가 더욱 깊고 세련된 형태로 전개되는 모습을 볼 수 있다. 이제 '풍류도'와 '동인 의식'에 깃든 '역'의 이야기를 시작해보자.

3

풍류 1:
만나는 사람마다 살리고
성숙시키는 그것

'풍류'라는 말

도를 배움은 집착이 없음이니,

인연 따라 이르는 곳에 노니네.

푸른 학의 골짜기 잠시 떠나와,

흰 갈매기 오가는 물가에서 즐기네.

몸 붙인 이 세상은 구름 천리요,

하늘땅은 바다의 한 모퉁이일세.

초가집에 애오라지 하룻밤 붙이니,

매화와 달이 풍류로구나.

20세의 율곡 이이가 금강산 생활을 마치고, 승려 보응(普應)과 함께 내려오는 길, 지인의 집에서 하루 묵으며 지은 시이다. 초가집 마당에 달빛과 매화나무가 운치 있다. 푸른 학과 흰 갈매기, 산과 물가를 인연 따라 오가다 하룻밤 의탁한 초가집의 풍류가 그윽하다. 유·불을 넘나들며 진리를 구하다 오늘 머문 자리를 즐기는 젊은 구도자의 모습을 그려본다.

'풍류'를 사전에서 찾아보면, '속된 일을 떠나서 풍치가 있고 멋스럽게 노는 일', '음악을 예스럽게 이르는 말' 등으로 풀이된다. 지인에게 '풍류(風流)'라고 하면 어떤 모습이 떠오르느냐고 물었더니, 청명한 가을밤에 유유자적 배 띄워 놓고 한가하게 길게 누어 풍치를 만끽하는 옛 선비의 멋스러움이 생각난다고 답하였다. 또 얼마 전에는 〈풍류대장〉이라는 퓨전음악 프로그램이 있었다. 전통음악을 하는 단체에서도 종종 '풍류'라는 말을 쓴다. 사전에 수록된 '풍류'의 뜻은 현대인의 '풍류'에 관한 이해가 잘 반영된 듯하다.

우리나라 고문헌을 모아 번역한 고전번역원 사이트에서 '풍류'를 검색해 보면 대략 19,000건에 이른다. 그만큼 '풍류'는 우리 역사와 문화에서 흔하게 쓰여 온 말임을 알 수 있다. 18세기 실학자 성호 이익의 학통을 이은 윤기(尹愭)는 '풍류'라는 글을 지어 "상고시대에는 풍류의 이름은 없어도 풍류의 실상이 있었는데, 오늘날은 풍류의 이름만 있고 풍류의 실상이 없다"고 개탄하였다. 또 "요즘의 풍류는 남보다 풍치가 뛰어난 것을 말하는데, 이것도 풍류는 풍류지만 고대의 풍류와는 멀어진 것이다"라고 한다. 그러면서 "태고의 풍류는 봄바람이 불면 만물이 모두 창성하는 것과 같이, 저마다 각각의 천성에 맞는 편안함을 얻어 화락하고 태평하였으

연꽃 핀 연못이 있는 후원에서 멍석 깔고 한가로이 바둑을 두고 있다.
작자 미상, 〈후원아집도(後園雅集圖)〉, 국립중앙박물관 소장.

니 이것이 최고의 풍류"라고 하였다.

그러면 '풍류'라는 말은 언제부터 쓰였고, 본래의 의미는 어떤 뜻이었을까? 『삼국사기』와 『삼국유사』를 보면 6세기 신라 진흥왕이 화랑도를 창설하였는데, 이를 '풍월도', '풍류도'라고도 불렀음을 기록하고 있다. '풍류'의 연원이 오래되었으며, '풍류도'가 화랑과 밀접한 관련이 있음을 확인할 수 있다. 화랑들이 추구하였던 '풍류'가 무엇인지 설명한 사람은 9세기 통일신라 말기의 최치원이다. 최치원이 쓴 '난랑비서'에서 우리는 '풍류'의 구체적 내용을 만나볼 수 있다.

21세기를 살면서, 고대의 '풍류'를 거론하는 것은 '풍류'가 지나간 옛이야기가 아니라, 한국의 현재와 미래를 밝히는 비전(vision)을 담고 있다고 생각하기 때문이다. 또한 '삼교를 포함한다'와 '뭇 생명을 만나 변화시킨다'로 요약되는 풍류도의 핵심내용은 생명을 살리는 인(仁)과 천지인 삼재의 인간론으로 요약되는 역(易)의 사유가 창조적으로 발휘된 결과로서 한국사상의 정체성을 잘 드러낸다고 생각해서이다.

뭇 생명을 만나 변화하게 하는 사람의 이야기

고운(孤雲) 최치원(崔致遠, 857~?). 12세에 당나라에서 유학하여 그곳에서 문명(文名)을 날렸다. 그러나 '외로운 구름'이라는 호가 말해주듯 세속적으로 성공하지는 못했다. 이런저런 업적을 남겼으나 끝내 가야산으로 들어가 종적을 감춘 것으로 알려져 있다. 그는 학술사에 길이 이름을 남긴 중요한 인물로 평가된다. 흥미롭게도 도교와 유교 양쪽에서 추앙받는다. 최치원은 한국 도교의 시조로 일컬어지는 동시에 유교의 도통을 계승하는 문묘(文廟)의 첫 번째 자리에 배향되었다. 더욱 중요한 것은 그가 오늘날 한국사상의 원형으로 평가되는 '풍류도'의 내용을 기록으로 남겼다는 사실이다.

『삼국사기』의 「신라본기」 진흥왕조에 '난랑비서(鸞郎碑序)'라는 글이 있다. '난랑비서'는 '난(鸞)'이라는 화랑이 세상을 떠나자 그를 기리기 위해 쓴 비문(碑文)의 서문이라는 뜻이다. 이 글을 쓴 이가 최치원으로, 그는 이 서문에서 '풍류'가 무엇인지 설명하였다.

"나라에 현묘한 도[玄妙之道]가 있는데, '풍류'라 한다. (풍류의) 가르침을 베푼 근원은 선사(仙史)에 상세히 갖추어 있는데, 실로 삼교(三敎)를 포함하고 뭇 생명을 만나 변화시킨다[接化群生]. 이를테면 들어가 집에서 효도하고 나와서 나라에 충성하는 것은 공자의 가르침이고, 무위(無爲)로써 일에 대처하고 말 없는 가르침을 행하는 것은 노자의 종지이며, 악을 짓지 않고 선을 받들어 행하는 것은 석가의 교화이다."

최치원은 "나라에 현묘한 도가 있는데 그것을 '풍류'라 부르며, '선사(仙史)'에 그에 대한 상세한 기록이 있다"라고 하였다. '사(史)'라는 말을 썼음을 볼 때 그 당시에 '풍류'의 도가 이미 오래 이어져 왔음을 읽을 수 있다.

최치원이 보는 '풍류도'의 핵심은 '삼교를 포함한다'와 '뭇 생명을 만나 변화시킨다[接化群生]'에 있다. '삼교'는 유교·불교·도교이고, '삼교를 포함한다'는 각각의 가르침이 배척되지 않고 하나로 융

합했음을 뜻한다. 당시의 진리 체계가 유·불·도였기에 삼교를 언급한 것이지 오늘의 시점이라면 굳이 삼교에 그칠 일이 아니다. 다섯이든 여섯이든 보편을 추구하는 진리 체계는 모두 포함될 수 있겠다. 이른바 '진리'를 표방하는 가르침들은 자칫 유일함과 독존을 내세우기 쉽다. 그에 반해 풍류도는 다양한 가르침의 회통을 지향하고, 그 융화의 방향이 '접화군생'이라는 변화로 모인다.

'접(接)'이란 '만남'이다. 진정한 '만남'이란 무엇일까? 서로가 관계를 맺고 영향을 주고받으며 각자가 지닌 존재 의미와 생명의 가치를 북돋아 주는 것, 풍류를 실천하는 이가 '뭇 생명들을 만나 변화시킨다'는 것은 바로 이러한 일일 터이다. 사람은 홀로 사는 존재가 아니다. 풍류도는 사람이 '만남'을 통하여 선한 영향을 주고받으며 함께 어울려 살아가는 공동체를 추구한다. 그러면 어떻게 해서 풍류도는 모든 진리 체계를 포함할 수 있고, 또 뭇 생명을 만나 변화시킬 수 있을까? 최치원은 진감선사비에서 이렇게 말한다.

> "도는 사람에게서 멀지 않고, 사람에게는 이방(異邦)이 없
> 으니, 그래서 동인(東人)의 자손들이 불교도 하고 유교도
> 하는 것은 필연적이다."

"도가 사람에게서 멀지 않다"는 선언은 최치원 이전 공자에게서 이미 이루어졌다. 공자는 "도가 사람에게서 멀지 않으니, 사람이 도를 한다고 하면서 사람을 멀리하면, 도라고 할 수가 없다(『중용』)"라고 하였다. 놀랍게도 '도' 자체가 목적이 아니라, '도'의 목적이 궁극적으로 '인간 해방'과 '인간 성숙'에 있다는 의미를 읽을 수 있다.

우리가 진리를 찾아다니는 이유는 그 가르침에 충성을 다하기 위해서가 아니라, 그 가르침을 통해 나 자신을 찾기 위해서이다. 유교를 공부했다고 해서 유교에 빠지는 것이 아니라 그것을 통해 유교를 넘어선다. 불교를 통해 불교를 넘어서며, 기독교를 통해 기독교를 넘어선다.

'사람에게 이방(異邦)이 없다'는 말은 진리의 세계에서는 이방인이 없다는 말이다. 진리에는 국경이 없다. 진리란 특정 종족이나 지역에 국한되지 않는 보편성을 지닌다. 그래서 '동인의 자손', 즉 신라인들이 이질적 가르침들을 수용하여 새로운 가치를 창출하는 것은 당연하다는 결론이다. 풍류도는 이질적인 것, 대립항들이

"도는 사람에게서 멀지 않다"라는 최치원의 글이
새겨진 하동 쌍계사 진감선사탑비.

충돌하여 파멸하는 것이 아니라 오히려 너와 나를 성숙하게 한다. "뭇 생명들을 만나서 변화시킨다"는 생의 철학이다.

'삼교(三敎)를 포함한다'는 말은 유불도가 들어온 뒤에 그것을 종합했다는 뜻이 아니다. 유불도가 들어오기 이전에 그것을 수용할 수 있는 '풍류'라는 마음의 바탕, 문화적 바탕이 있었기에 '동인'은 다양한 진리 체계를 능동적으로 받아들여 하나로 융합할 수 있었다는 뜻으로 생각된다. 한국은 오랜 세월 여러 종교가 들어와 평화롭게 공존했다. 비록 '풍류'라는 말의 의미는 변천해 왔지만, 우리 역사를 꿰뚫고 흘러 온 '풍류' 정신이 그것을 가능케 한 것은 아닐까? 최치원은 이러한 풍류 정신이 유불도 수용 이전에 이미 그 연원이 있었음을 '동인(東人)의 자손'이라는 말에 담아두었다고 생각한다.

'동인의 자손'에 대해서는 이야기가 또 한 보따리이다. 이제 그 이야기를 이어가 보자. 아울러 『주역』으로 풀어보는 풍류도 이야기도 그와 함께 풀어보겠다.

4

풍류 2:
새벽해와 봄바람을 닮은
사람의 모습

동(東)을 말하는 이유는

"나라에 '현묘한 도'가 있는데, '풍류'라 한다. '풍류'는 실로
'삼교'를 포함하고 뭇 생명을 만나 변화시킨다."
"도는 사람에게서 멀지 않고, 사람에게는 이방(異邦)이 없
으니, 그래서 동인의 자손들[東人之子]이 불교도 하고 유교
도 하는 것은 필연적이다."

최치원은 신라의 정신으로 '풍류'를 말했다. 잠시 9세기 신라로 돌
아가 해 떠오르는 서라벌 바닷가에서 최치원 선생을 만나본다. 그
리고 질문을 던져본다.

"새벽해가 동방에서 떠오르매 그 빛이 만물에 통하고, 봄바람이 동방에서 일어나매 그 기운이
세상 끝까지 흡족하다." (최치원, '대낭혜화상비문') 사진은 문무대왕릉의 일출.

"선생님께서는 우리의 풍류가 삼교를 포함하고, 뭇 생명
을 만나 변화시키는 것이라고 하셨습니다. 또 도(道)는 사
람에게서 멀지 않고, 도의 세계에는 이방인이 없기에 동인
의 자손들이 유교도 하고 불교도 하는 것은 필연적이라고
도 하셨지요. 저는 이 말씀을 '진리를 탐구하는 목적은 참
된 나를 찾아가고자 하는 것이다. 우리는 어떤 진리 체계
도 열린 마음으로 수용하여 다 함께 접화군생(接化群生)할
수 있다'는 뜻으로 알아들었습니다. 그런데 '우리 신라인'
이라고 써도 될 것을 굳이 '동인(東人)의 자손'이라고 표현
하신 이유가 있나요? 풍류의 전통은 우리의 선조인 '동인'
에게서 비롯되었다는 의미입니까? '동인'은 누구인가요?"

고운(孤雲) 선생이 답을 할 리는 없으니 그가 남긴 글 속에서 이유를 찾아본다. 누군가는 역사적으로 한반도를 '동국(東國)'이라 불러 왔으니, '동인(東人)'이란 그저 동쪽 사람이라는 뜻일 뿐일 텐데 그리 천착할 필요가 있느냐 물을지 모르겠다. 필자는 굳이 그럴 이유가 충분히 있다고 답하겠다. 최치원은 글 곳곳에서 '동(東)'의 의미를 화려하게 서술하고 있기 때문이다.

동(東)은 빛, 생명, 인(仁)을 상징

누군가는 '동인'이 '동쪽 사람'이므로 대륙의 동쪽, 동쪽으로 치우친 곳의 사람이라는 뜻으로 이해하기도 하겠다. 한반도가 대륙의 동쪽에 있는 것은 사실이다. 그러나 최치원은 '동(東)'의 의미를 '치우침'으로 이해하지 않았다. 그는 새벽해가 올라와 천하의 어둠을 깨뜨려 만물을 비추고, 봄바람이 온화하게 널리 퍼져 만물을 기르는데, 새벽해와 봄바람은 모두 동방에서 나온 것이라 한다. 즉 동(東)은 빛과 생명이 시작되는 곳이다. 이에 최치원은 오행(五行) 사상에 따라 동방이 '인(仁)'의 방위이자 봄[春]의 의미를 지녔다는 사실에 주목한다.

근대 이전 동아시아에서 음양오행은 세계의 기본질서를 나타내는 보편적 원리로 받아들여졌다. 오행의 체계는 정치 및 사회 제도 그리고 문화 의식을 가로지르는 원리였다. 서울의 동대문을 흥인지문(興仁之門), 서대문을 돈의문(敦義門), 남대문을 숭례문(崇禮門)이라 부르며, 북대문인 숙정문(肅靖門) 근처에 홍지문(弘智門)을 세우고, 동서남북 사대문(四大門)의 중심에 보신각(普信閣)을 배치했다. 인의예지신(仁義禮智信)을 동서남북 중앙에 짝하는 다섯 방위의 성질로 본 것이다. 봄·여름·가을·겨울을 동남서북의 네 방위에 배치한 것 역시 오행 사상에 따른 것이다. 이 경우 중앙의 토(土)는 계절 사이사이의 환절기로 각 계절의 순조로운 전환을 돕는다.

인·예·의·지(仁禮義智)와 봄·여름·가을·겨울 가운데서도 으뜸은 역시 인(仁)과 봄이다. 『주역』 건괘(乾卦)에서 볼 수 있듯 어떤 생명도 차별 없이 소생시키는 것이 봄의 덕성인 인(仁)이요, 그러한 생명살림의 정신이야말로 모든 선(善)의 으뜸으로 여겼다. 봄과 인(仁)의 생명력은 자기자리를 넘어 여름·가을·겨울을 거치며 점차 성숙되어 가는 것이다.

이러한 사상적 배경 속에서 최치원은 '동방'에 '생명'과 '인(仁)'의 의미를 부여한다. 그러니 동인(東人)은 빛의 사람, 생명의 사람, 인(仁)의 사람이 된다. 최치원은 동인(東人)의 연원을 고대 중국의 역사서에 실린 '동이(東夷)'에서 찾는다. 그는 '동이' 기록을 우리 선조들의 이야기로, 신라문화의 상고적 연원으로 인식한다.

人, 夷, 仁은 어원이 같다

이(夷)라는 글자는 통상 '오랑캐'를 뜻한다. 역사적으로도 줄곧 그런 의미로 쓰여 왔다. 그러나 은대의 갑골문이나 청동기에 쓰인 금문(金文)의 시기로 올라가면 오래전 이(夷)의 뜻은 달라진다. 특히 이(夷)의 어원이 본래 인(人) 그리고 인(仁)과 같다는 사실은 잘 알려지지 않았다.

"인(仁)이란 사람다움이다(『중용』, 『맹자』)"라고 하듯이, 유교 사상에서 仁과 人은 뗄 수 없는 관계이다. 우리가 유교의 전유물로 생각하는 仁의 연원이 실상 동이(東夷)와 밀접한 관계에 있음을 볼

亻, 夷, 尸는 모두 '人'족을 지칭한다. '尼'은 夷, 仁과 같은 글자.

수 있는 단서들을 갑골과 금문에서 찾을 수 있다. 중국 사천(四川) 대학에서 펴낸 『갑골금문자전』은 상고대에 人이 '사람'이라는 뜻의 보통명사가 아니라, '人'이라는 족속을 가리키는 고유명사로 정리한다. 人과 夷가 모두 '人' 족을 가리키는 같은 글자임을 알려준다. '尸' 역시 죽은 사람을 구부려 뉘어 놓은 모습을 그린 것으로 '人' 족을 지칭하는 글자이다.

또한 『중문대사전』은 '尸+二'가 仁 자의 옛 글자라고 기록하고 있다. 人+二가 仁인데, 尸와 人이 같은 글자이기 때문이다. 중국학자 노간(勞幹)은 그의 책 『중국문화논집』에서 "우리들(중국인)은 동방 사람을 동이(東夷)라 부르는데, 夷 자와 人 자는 통용되며, 人 자와 仁 자는 한 근원에서 나왔다. 그러므로 중국어에서 人이라 일컫는 것은 그 근원이 동방(東方)에서 나왔다"라고 쓰고 있다. 위의 여러 이야기들을 종합해 보면 '동인(東人)'과 '동이(東夷)'는 결국 같은 말이다.

夷와 仁이 하나라는 생각이 반영된 후대(5세기)의 기록으로 범엽(范曄, 398~445)의 글을 들 수 있다. 그는 『후한서』 「동이열전」에 이런 기록을 남겼다.

"동방을 이(夷)라 한다. 이(夷)는 뿌리로서, 어질어서[仁] 살리기를 좋아하니 만물이 땅에 뿌리박고 자라남을 말한다. 그러므로 천성이 유순하고 도로써 다스리기 쉬워 군자가 끊이지 않는 나라가 있게 되었다."

최치원은 범엽의 기록뿐 아니라 여러 역사서에 실린 '동이' 기록을 중시하여, 바로 우리 선조들의 이야기로 수용한다. 중국의 고대 역사서에는 동이(東夷)에 대해 주목해 볼 만한 기록들이 꽤 있다. "동이(東夷)는 대(大)를 따르며 대인(大人)이다. 이(夷)의 풍속은 어질다. 어진 자는 장수하니 군자가 죽지 않는 나라이다"라든가, "동방에 군자국이 있는데, 그 풍속이 서로 양보해서 다투지 않는다"라고 했다. 공자는 "중원에서 도가 행해지지 않음을 한탄하며 구이(九夷)에 가서 살고 싶다"고도 했다. 구이(九夷) 지역에 대해서는 "군자들이 사는 곳으로 누추할 것이 없다"라고 했다.

인류학이나 고고학적으로 이 기록에서의 이(夷)가 무엇을 가리키는지는 아직도 뜨거운 주제이다. 주목할 것은 최치원이 이 기록들을 신라인의 이야기로 흡수했다는 사실이다. 사상사에서는 이점이 중요하다. 최치원이 갑골문을 볼 수는 없었겠지만, 기타 역사서에 실린 각종 '동이' 관련 기록은 그의 글에 어김없이 등장한다.

범엽은 이(夷)란 뿌리이자 인(仁)으로, 만물이 그것을 터전으로 자라난다고 하였다. 뿌리는 생명의 원천이다. 최치원은 이러한 동이의 문화를 신라문화의 연원, 즉 "은은한 상고의 교화"라고 불렀다. 신라에는 상고시대로부터 내려오는 인(仁)의 바탕이 있기에 유·불·도를 수용하여 이 땅에서 꽃피울 수 있었다는 것이다. 그는

"이 땅은 이미 살리기를 좋아함[好生]을 근본으로 해왔고, 서로 양보함[互讓]을 주로 하였기에 불교가 설파하는 자비의 가르침을 쉽게 받아들였다"고 말한다. 그러니 최치원이 쓴 '동인의 자손'이라는 표현은 참으로 깊은 의미가 있지 않은가.

『주역』의 귀결도 仁과 人

이쯤 진행되면, 독자들은 이렇게 물을 듯하다. '풍류'도 좋고, '동인'도 좋은데, '풍류'와 '동인'이 무슨 상관이며, 게다가 이것이 『주역』과는 또 무슨 관계가 있느냐고 말이다. 이제 마지막 고개를 넘어보자. 풍류, 동인 그리고 『주역』이 하나로 이어지는 통로는 仁과 人이다.

이미 범엽과 최치원의 이야기를 통해 동인(東人)의 특징을 '살리기를 좋아하는 인(仁)'으로 보았다. '살리기를 좋아하는 덕'이 바로 인(仁)이다. 인(仁)이 사람 사이의 윤리 덕목 차원을 넘어서 '살리기를 좋아하는 덕'으로 뚜렷이 드러나는 것은 『주역』에서이다.

복(復)	양의 기운이 되돌아옴에서 하늘과 땅의 마음[天地之心]을 본다.

『주역』에는 "낳고 살리는 것을 역이라 한다[生生之謂易]", "하늘과 땅의 큰 덕을 생(生)이라 한다"라는 말이 있다. 역(易)의 본질은 '낳고 살리는 일'이라는 뜻이다. '낳고 살리는 일'은 하늘과 땅이라는 음양의 작용에 의한 것으로, 이러한 '생생'의 작용을 '인(仁)'이라 부른다. 역(易)의 뜻은 '변화'이고, 변화는 상반된 성질인 하늘과 땅이

만나 생명을 낳고 살림으로써 이루어진다. 그러니 『주역』에서 '인(仁)'과 '생명'은 뗄 수 없는 관계이다.

『주역』의 복괘(復卦, ䷗)는 동지(冬至) 아침을 상징한다. 가장 긴 밤을 지내고 새로운 태양이 떠올라, 세상이 새롭게 열리는 첫 시작의 순간이다. 새로운 태양이 떠오름에서 '하늘과 땅의 마음'을 볼 수 있다고 복괘는 말한다. 하늘과 땅의 마음이란 다름 아닌 만물을 살리고자 하는 인(仁)의 마음이다.

『주역』의 작자들[聖人]이 『주역』을 지은 이유는 세상 사람들이 삶을 잘못 꾸려갈까 근심해서라고 한다. 그들은 고심 끝에 자연의 운행원리에 근거하여 삶의 원리와 방향을 『주역』에 제시하고 이를 활용할 수 있는 방법을 형상[象]으로, 글[辭]로, 점(占)으로 알려주었다. 그리고 어떤 방법으로 역(易)을 활용하든 '역'을 공부하는 궁극적 목적은 "천명을 즐겨 근심하지 않고, 지금 내 삶의 자리에서 인(仁)을 돈독히 실천하여 널리 사랑을 베푸는 것(「계사전」)"이라 하였다.

"주역이 나오기 전에도 주역은 있었다[劃前易]"라는 말이 있다. 이 동어반복적인 설명을 풀어서 말하자면, 『주역』이 만들어지기 이전에도 그렇게 형상화할 진리의 내용은 있었고, 역은 그것을 담아낸 체계라는 의미이겠다. 자연의 변화에서 생명을 살리는 어진 마음을 발견하고 여기에서 '선(善)'의 가치를 느끼는 마음은 『주역』이 성립되기 전이라 해서 없으라는 법이 없다. 『주역』이라는 이름이 있기 전에, 또는 그 이론을 몰라도, 그것이 지향하는 가치를 삶으로 살아낼 수 있지 않은가? 최치원의 방식을 적용하자면, 『주역』이 들어와 한국인의 삶이 그렇게 변한 게 아니라, 본래 그러했기에 물고기가 물을 만나듯 『주역』은 한국인의 삶 속에 깊이 자리 잡았다고 할 수 있겠다.

　중국에 비해서 한국에서는 『주역』이 대·중·소 가운데 '대경(大經)' 또는 '중경(中經)'으로 더욱 존중되었다. 현존하는 한국의 경학 자료 가운데 『주역』 관련 문헌이 다른 경전 자료에 비해 단연 수적으로 우세한 것도 특이한 일이다. 그러니 동인의 자손이 행하는 '뭇 생명을 만나 변화시키는' 풍류의 내용이 『주역』이 담고 있는 생명 철학과 그 지향이 일치하는 것은 이상한 일이 아니다.

풍류의 핵심은 '사람'

최치원이 말하는 풍류의 중심은 '접화군생(接化群生)'이라고 생각 한다. 다양한 진리의 가르침을 융화하여 생명살림의 에너지로 재 창조할 수 있는 힘은 인(仁)을 체득한 '사람'의 역량에서 나오는 것 이라고 말하겠다. '선(仙)의 역사'에 그 근원이 자세히 갖춰져 있다 는 풍류의 '현묘'함은 생명살림의 인(仁)을 체득한 군자를 떠나서 완성될 수 없다. 선(仙)과 '현묘(玄妙)' 역시 사람의 일이다.

　인(仁)이라는 용어는 결코 유교로만 국한할 수 있는 개념이 아 니다. '생명살림의 현현으로서 인(仁)'과 마음의 중심이 결합한 인 간의 모습은 단군신화의 홍익인간으로부터 풍류의 동인(東人), 훈 민정음의 인간관, 퇴계 이황의 측은지심과 인(仁)의 인간학, 동학의 인내천과 생명 사상, 그리고 일부 김항 『정역(正易)』의 '지인(至人)' 으로 이어지는 한국 사상의 핵이라고 필자는 생각한다. 이러한 철학 을 품어온 한국 사회는 지금 어디로 가고 있으며, 어디로 가야 할까?

5

태극 1:
태극기에 담긴 자연과
사람의 길

태극기에 관한 추억

'태극기'를 생각하면 어떤 장면들이 연상되어 나올까? 다양한 풍경들이 떠오른다. 일제강점기 마라토너 손기정 선수의 가슴에 그려진 세상에서 가장 슬픈 금메달리스트의 사진도 떠오르고, 3.1만세운동 때 전국을 뒤덮었을 태극기의 물결도 그려진다.

어릴 적 기억에는 이런 것도 있다. 오후 6시면 길거리에 애국가가 울려 퍼지고 국기 하강식이 행해진다. 길을 가다 멈춰 서서 태극기가 있는 방향을 바라보며 애국가가 끝나길 기다렸다. 가끔 아랑곳없이 걸어가는 몇몇 어른들을 '불경하다' 여기며 바라보곤 했다. 애국가가 영화의 시작을 알렸고, 벌떡 기립해 화면을 가득히 채운 태극기를 향해 국기에 대한 맹세를 되뇐 후에야 자리에 앉을 수 있었다. 태극기는 늘 높은 곳에서 펄럭이고 있었고, 우러러보아야 하는 신성한 상징이었다.

그러던 태극기가 갑자기 땅으로 내려왔다. 2002년 6월, 월드컵을 응원하며 태극기를 뒤집어쓰고, 몸에 두르고, 얼굴에 그린 사람들이 광장에 가득했다. 태극기로 어린애 바지까지 만들어 입힌 경우도 보았다.

아, 태극기가 이렇게 쓰일 수도 있는 것이로구나. 국가가 이렇게 친근할 수도 있는 것이로구나! 몸으로 체험한 국가관의 변화는 필자에게는 나름대로 인생의 지각변동이었다.

태극의 역사와 태극기

국기는 나라의 상징이다. 국기에 담긴 의미는 그 나라의 이념과 철학을 표방한다고 해도 좋을 것이다. 태극기가 우리의 국기가 된 것은 우연처럼 보일지 모르지만, 거기에는 간단치 않은 역사적, 문화적 그리고 사상적 맥락이 담겨 있다. 태극은 고대로부터 오늘날에 이르기까지 한국인의 사랑을 받으며 줄기차게 쓰여 온 문양이다.

우리나라에 남아 있는 가장 오래된 태극기인
'데니 태극기(보물)', 국립중앙박물관 소장.

현재까지 발굴된 것 중에서는 7세기 전반 백제시대 목간에 그려진 태극 문양이 가장 오래되었고, 통일신라와 고려를 거쳐 조선시대에 이르기까지 수없이 많은 태극 문양이 쓰였다. 그 종류도 이태극, 삼태극, 사태극이 골고루 쓰였다. 왕실의 종묘로부터 관청, 서원, 연적, 자물쇠, 베갯모, 떡살, 도장, 부채 등 일상에서 흔하게도 쓰인 것이 태극 문양이다. 우리의 국기에 태극 문양이 사용된 것을 어찌 우연이라 하겠는가?

국가를 대표하는 깃발로서의 태극기는 1882년 일본으로 사신 가던 박영효가 배 안에서 그렸다고 알려져 있다. 그러나 그보다 몇 달 전 미국과 통상조약을 맺을 때 임시로 국기 삼아 만든 깃발이 있었으니, 이응준의 태극기가 그것이다. 박영효의 태극기와 비슷하다. 당시 조정에서 국기제정에 대해 여러 논의가 진행되던 과정에서 나온 것이지 어느 날 갑자기 불쑥 그려진 것이 아니다.

그런데 한 나라의 국기를 만들면서 왜 수많은 물상(物像)을 젖혀두고 '태극기'를 만든 것일까? 태극기를 제정한 이들은 우리의 국기에 무엇을 담고 싶었을까? 단군신화의 홍익인간 이념에 대해 "단군이 내린 한민족의 헌법과 같은 것"이라는 평을 남긴 『25시』의 저자 게오르규(1916~1992)는 태극기에 대해 "세계 모든 철학의 요약 같은 것이 새겨져 있다"는 감상평을 남겼다.

"한국의 국기는 유일하다. 어느 나라의 국기와도 닮지 않았다. 그것에는 세계의 모든 철학의 요약 같은 것이 새겨져 있다. 태극기는 멋지다. 거기에는 하늘과 땅, 네 개의 방위, 낮과 밤과 사계절을 나타내는 선과 점이 있다. 그것은 우주를 나타낸다. 거기에는 남자와 여자, 선과 악, 불과 물이 있다. 우주의 대질서, 인간의 조건이나 살아있거나 죽어있는 모든 것의 운명이 선·점·원, 붉은색·흰색, 그리고 파란색으로 그려져 있다."

– 『25시를 넘어 아침의 나라로』

요컨대 태극기는 철학적으로 구성되었다는 말이다. 게오르규가 태극기에서 발견한 '우주의 대질서', '인간의 조건' 그리고 '세계 모든 철학의 요약 같은 것'의 구체적 내용은 무엇일까?

자연의 리듬을 본뜨다

굽이굽이 긴 밤을 펼쳐낸 동지(冬至)가 지나면, 해는 조금씩 길어지고 어느새 저녁 8시에도 아직 훤한 하지(夏至)를 맞이하게 된다. 이러한 자연의 리듬이 바로 '태극'이다. 실제로 동지에서 하지, 하지에서 동지에 이르는 밤낮 길이의 변화 비율을 따라서 그대로 그려내면 태극 문양이 된다.

여기에는 일종의 수학적 원리가 있다. 동지의 밤 길이와 하지의 밤 길이는 약 300분의 차이가 있다. 입춘(立春)에는 밤의 길이가 동지보다 대략 50분 줄어드니, 50/300, 즉 1/6이 줄어든다. 반대로 낮의 길이는 1/6만큼이 늘어난다. 춘분(春分)이 되면 밤의 길이는 150분 줄어 밤과 낮의 길이가 같아진다. 입하(立夏)를 거쳐 하지가 되면 드디어 300/300, 낮의 길이가 가장 길고, 밤의 길이가 가장 짧은 때가 된다. 하지-입추-추분-입동-동지의 과정도 마찬가지로 낮은 점점 줄어들고 밤은 점점 늘어난다. 밤과 낮이 줄어들고 늘

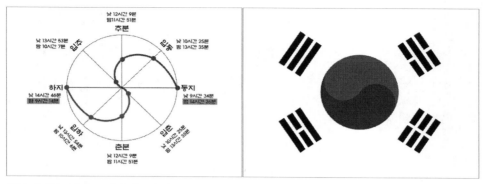

밤낮 길이의 비율을 그리면 태극이 된다. 자연의 리듬을 그린 그림과 현행 태극기.

어나는 비율, 즉 음양의 줄어들고[消] 늘어남[息]을 따라 그린 곡선이 물결치는 태극의 모양이다. 그래서 태극기의 첫 번째 원리는 '자연의 리듬'이라고 할 수 있다.

태극이 밤낮 길이의 변화라는 자연의 리듬을 형상화한 모양이라면, 태극을 둘러싸고 있는 4개의 괘는 어떤 의미를 담고 있을까? 혹시 학창 시절 ☰은 건괘-하늘, ☵은 감괘-물, ☷은 곤괘-땅, ☲은 리괘-불, 이런 내용을 배운 적이 있지 않은가? 태극기의 4괘는 시계방향으로 순환하면서 태극 문양과 마찬가지로 동지~하지, 하지~동지에 이르는 자연의 리듬을 다른 방식으로 표현한 것이다.

괘 모양	☰	☵	☷	☲
괘 이름	건(乾)	감(坎)	곤(坤)	리(離)
상징	하늘	달(물)	땅	해(불)
계절	여름(하지)	가을	겨울(동지)	봄

건괘를 하지라고 한다면, 곤괘는 동지라 할 수 있다. 극즉반(極則反)이라는 말이 있다. 무엇이든 한쪽 극한에 이르면 반대 방향으로 돌이킨다는 말이다. 건(乾)은 양(陽)이 더 자랄 수 없이 가득한 상태이니, 그다음은 음(陰)이 조금씩 자라난다. 그렇게 음이 자라나 가득한 곤(坤)의 상태에 이르면 다시 양이 조금씩 자라난다. 이렇게 태극기 4괘의 순환 역시 동지-춘분-하지-추분-동지에 이르는 자연의 순환을 담고 있다.

1년 밤낮 길이의 변화를 그려냈다는 점에서는 마찬가지이지만, 태극기의 원리를 8괘의 '방위도(方位圖)'로 설명하는 방법도 있다. 『주역』에서는 8괘의 발생을 다음과 같이 설명한다. "자연의 변화 가운데에는 태극이 있어, 이것이 음양의 두 모양[兩儀]으로 드러나고, 두 모양은 네 형상[四象]으로 나타나며, 네 형상은 여덟 괘[八卦]로 전개된다." 1-2-4-8의 구조인데, 이를 그린 그림이 일명 '복희선천팔괘방위도(伏羲先天八卦方位圖)'이다. 여기서 '선천(先天)'이란 인위적 작용이 가해지기 이전의 '자연의 이치'를 담고 있다는 말이다. 최초로 8괘를 그렸다는 이가 '복희씨'인데, 그의 8괘는 동서남북의 각 방위에 놓여 밤낮의 길이가 변화하는 양상을 드러낸다. 복희씨가 자연의 리듬을 여덟 개의 괘 모양, 방위, 순서로 형상화했다는 뜻이다.

이 이야기와 의미를 단번에 알기 어렵다는 점은 인정한다. 다만 이런 설명법이든 저런 설명법이든 모두 1년 밤낮의 줄어들고[消] 늘어나는[息] 흐름을 그려냈다는 점을 강조해 두고자 한다. 학창 시절 태극기의 사상적 원리를 도원(道原) 류승국 선생에게 배웠다. 당시 도원 선생에게 태극기의 원리를 설명하는 방법이 하나가

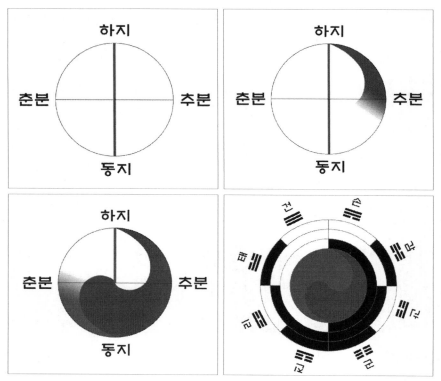

하지에서 동지로, 동지에서 하지로 밤낮 길이의 비율을 그리면 〈복희팔괘도〉가 된다.

아니고, 또 『주역』에서 태극의 모양과 현행 태극기에서의 태극 모양이 일치하지 않는데, 무엇이 옳은 것인지 질문한 적이 있었다. 선생은 '원리를 장악하면 그 모습은 다양하게 펼쳐낼 수 있다'는 취지의 답을 한 것으로 기억한다. 동지를 기점으로 양(陽)이 원의 중심에서부터 자라나간다고 설명하든, 끄트머리부터 시작되어 확장되어 나간다고 표현하든 그 원리는 마찬가지라는 뜻이겠다.

태극기에 담긴 자연과 사람의 길

역(易)이란 음과 양이라는 두 대립자의 상호작용으로 추동되는 끝없는 변화를 뜻한다. 음양의 대표적 상징인 밤과 낮, 추위와 더위, 땅과 하늘의 작용을 통해 이 세상은 끊임없이 변화하며 시시각각 새로운 균형점을 찾아 나간다. 이렇게 봄·여름·가을·겨울에 걸쳐 진행되는 생명 교향악의 각 악장을 『주역』에서는 원·형·이·정(元亨利貞)으로 특징짓고, 인·예·의·정고(仁禮義貞固)로 짝지었다. 그리고 봄의 특징이자 생명살림의 대표 격인 원(元)과 인(仁)을 '모든 선(善)의 으뜸'으로 칭송하였다. 푸르고 붉게 물결치는 태극 문양은 이러한 음양의 생명 활동을 나타내며, '생명을 살리기를 좋아하는' 인(仁)의 가치를 함축한다. 음양의 율동을 따라 생명을 살려내는 우주의 리듬이 태극 문양이며, 그러한 자연의 리듬을 따라 순리롭게 살아가려는 삶의 정서가 바로 태극의 마음이다.

이러한 삶의 정서는 자연과 더불어 살아가는 삶의 양식으로 전개된다. 한국의 전통 건축은 자연을 훼손하지 않고, 자연을 건축의 일부로 수용한다. 집터에 걸리적거리는 바위를 파내버리는 것이 아니라 그대로 살려 집을 짓는다. "강산은 들일 데 없으니, 둘러두고 보리라"고 노래한 송순(1493~1583)의 시조에는 자연과 함께하는 공생과 평화로움이 있다. 중국의 궁궐 자금성과 조선의 궁궐을 비교해 보라. 자금성은 그 위용이 보는 이를 압도하지만, 조선의 궁궐은 지나친 꾸밈이 없이 보는 이를 편안하게 한다.

생명을 살리고자 하는 인(仁)의 마음을 맹자는 측은지심, "남의 고통을 차마 외면하지 못하는 마음[不忍人之心]"이라 설명하였다. 다시 말하면 "생명에 대한 공감과 연민"이라 할 수 있다. 예전 '이규태 코너'로 일세를 풍미하며 한국학의 소중함을 일깨웠던 기자 이규태가 있었다. 그는 한국학에 눈을 뜬 계기가 초년기자 시절 소설

『대지』를 쓴 펄벅(Pearl S. Buck, 1892~1973)의 한국 여행을 수행했을 때부터라고 말한다. 펄벅은 이미 오랜 시간 중국에서 살았다. 그런 펄벅이 한국의 시골을 여행하다 지게에 볏단을 지고 소달구지를 끌고 가는 농부를 가리키며 이렇게 말했다고 한다. "농부도 지게도 달구지에 오르면 될 텐데, 소의 짐을 덜어주려는 저 마음이 내가 한국에서 보고 싶었던 것이에요." 그녀는 "고향에 온 것 같다"며 "이제 더 이상 한국에서 무엇인가를 보지 않아도 흡족하다"고 했다는 것이다. 이규태 기자는 그 말에 큰 충격을 받았다. 가난에 찌든 고국의 농촌을 보여주는 것이 부끄러웠던 자신이 더욱 부끄러워졌다고 고백했다.

펄벅이 말한 '고향'은 '존재로의 회귀'를 뜻하는 원초적 고향이었으리라. 감나무 꼭대기에 까치밥을 남기고, 소의 짐을 덜어주는 삶의 정서는 한국인의 흔하디흔한 '아무렇지도 않은 일상'이지만,

소와 짐을 나눠지고 귀가하는 농부. ⓒ이선녕

생명에 대한 공감과 연민이라는 태극의 철학이 땅으로 내려온 현장이다. 게오르규가 태극기에서 발견한 '우주의 대질서', '인간의 조건' 그리고 '세계 모든 철학의 요약 같은 것'의 구체적 내용 역시 바로 이런 것이 아니겠는가.

『주역』은 누구의 것인가?

종종 『주역』은 중국 것이고, 복희씨는 중국 사람인데 왜 중국의 것으로 우리나라 국기를 삼아야 하느냐는 질문을 받곤 한다. 『주역』이 아무리 한국문화와 밀접한 관계가 있더라도, 역시 한국 밖에서 생겨난 것이 아니냐는 생각에 태극기에 대해 썩 석연한 마음이 들지 않을 수도 있겠다. 필자는 『주역』이 수천 년 동안 동아시아 사유의 근간을 이루어 온 보편적 사유체계이자 문헌이라고 생각한다. 그것은 '한자(漢字)'의 경우도 마찬가지이다.

서양의 경우는 중세 라틴어가 학술문화에서 쓰이는 공식적인 언어문자였으며, 그것은 오늘날도 단순히 이탈리아 고어라 취급되지 않는다. 서구문화는 고대 그리스와 라틴문화를 젖줄로 하기 때문에 오늘날도 서구의 중고등교육 과정에서 그리스어(희랍어) 또는 라틴어는 중요한 교과목이다.

동아시아에서는 '한자'가 바로 라틴어의 역할 및 위상과 같다. '한자'는 현대 중국어와 다른 '사어(死語)'이지만, 동아시아의 전근대 문명은 모두 한자를 중심으로 기록이 되어 있다. 비유하자면 '한자'이든 『주역』이든 이것은 도레미파솔라시도의 음계와 같은 보편적 틀로서, 이 음계를 가지고 어떤 음악을 만들어내느냐는 각자의 몫이라는 것이다. 태극기와 훈민정음이 그 대표적 사례이다. 또한 상고시대 역사와 문화의 실상에 대해서는 미지의 영역이 아직 많이 있다.

　태극 사상은 동북아시아의 공통적 문화유산이지만, 그것을 국기로 특화하여 나라의 상징으로 쓰고 있는 주체는 한국이다. 삼국시대 아니 그 이전의 상고대로부터 오늘에 이르기까지 한국문화에는 음양 상생 철학의 실상이 연면하게 이어져 우리의 삶 속에 체화되어 왔다. 바로 이것이 한국의 저력이며, '어느 나라의 국기와도 닮지 않은' 우리의 태극기가 담고 있는 삶의 철학이다.

6

태극 2:
고귀하고 떳떳한 삶의 표준

물러서지 않는 사람들

"조선 사람의 가장 두드러진 특징은 열렬한 민족정신이다.
조선 사람은 애국심과 자신의 친구, 가족, 왕과 나라에 대
한 충성심 때문에 종종 위험하고 고통스러운 일을 맞았으
며, 자신이 지키려는 원칙을 위해서라면 그것을 대수롭지
않게 여긴다. 끝까지 용감하여 좀처럼 패배를 인정하지 않
는다."

구한말 호수돈 여고를 세워 개성지역의 여성 교육에 공헌했던 엘
라수 와그너(Ellasue C. Wagner, 1881~1957)는 그녀의 저서 『Korea:

The Old and the New』에서 한국인의 특징을 이렇게 묘사했다. 열렬한 민족정신, 자신이 지키려는 원칙을 위해서 위험과 고통도 대수롭지 않게 여기던 사람들, 패배를 인정하지 않는 용감함. 이것이 당시 한 서양 선교사의 눈에 비친 조선인의 특징이다.

와그너가 보았던 열렬한 민족정신과 자신이 지키려는 가치를 위해 용감하게 나아가는 모습의 대표적 사례로 3.1만세운동과 의병의 봉기를 들 수 있겠다. 이와 관련하여 지난 2018년 광복절, 한 매체(JTBC 뉴스룸)의 보도가 인상적이었다. 보도의 요지는 대략 이러하다.

을사늑약 뒤에 정작 당황했던 쪽은 일본인들이었다는 말이 있다. 조선의 임금이 일본에 국권을 넘겨주겠다고 도장을 찍었는데, 왜 백성들이 왕의 말을 따르지 않고 의병까지 일으키는지 이해할 수가 없었다는 것이다. 일제가 1919년 3.1만세운동 이후 만세운동이 일어났던 지역을 지도로 만들어둔 〈소요일람지도(騷擾一覽地圖)〉를 보면, 그것은 어느 일부 지역이 아닌 전국적이고 전민족적인 항거였음을 한 눈에 알 수 있다. 우리가 듣기에는 매우 못된 표현이지만 오죽하면 당시 일본인들이 "조선의 의병은 파리떼와 같아서, 파리가 극성을 부리는 곳에서는 살 수가 없다"라고 투덜댔을까.

임금이 도장을 찍었거나 말았거나 전 국민이 일어나 불의한 침탈에 항거하고, 삶의 안락함 대신 자신이 지향하는 가치를 위해 위험하고 고통스러운 삶을 기꺼이 감내하는 이런 행동은 누가 명령한다고 해서 가능한 일이 아니다. 개개인의 주체적 결단과 불굴의 의지로 스스로 결행해 나가는 일이다.

한국인의 이러한 특징이 우연히 나타난 것은 아니라고 본다.

깊은 역사와 뿌리를 지녔으며, 특히 도덕 형이상학이라 불리는 성리학의 진리관과 상관관계가 있다고 본다. 오늘날의 한국인은 조선왕조의 후예이며, 조선을 이끌어간 중심사상은 성리학이었다. 성리학의 진리관이 수 세기에 걸쳐 한국인의 정신세계를 지탱해왔다. 그것이 어떤 식으로든 조선인의 가치관과 행동양식을 형성하는 데 지대한 영향을 끼쳤다고 보는 것이 타당하지 않은가? 성리학은 단지 조선조 지식인들의 고준담론이나 지적 탐구에 국한된 것이 아니었다. 삶의 태도와 관습으로서 사람들의 일상 전반에 스며든 성리학의 진리관은 500년 세월을 거치며 무엇보다 한국인의 도덕관념 형성에 중요한 역할을 해왔다고 생각한다.

본격적인 논의를 펼치기 전에 '도덕'이라는 용어에 대한 오해부터 풀고 가겠다. 흔히 '성리학'이라는 말에는 '엄숙한 도덕주의'라는 관념이 따라붙곤 한다. 성리학이 일종의 도덕주의를 표방한 것은 틀림없는 사실이다. 하지만 이때의 도덕을 그저 '의무적이고 규범적인 규율'로만 여기는 것은 적절치 않다. 성리학의 관점에서 도덕적으로 산다는 건 외적으로 부과된 율법을 엄격하게 지킨다는 뜻이 아니다. 내 마음속의 자연스러운 본성을 따라 사는 것을 가리킨다.

이때 자연스러운 본성이란 남의 아픔에 공감하는 마음(측은지심), 불의를 부끄러워하고 분노하는 마음(수오지심), 염치를 알고 사양하는 마음(사양지심), 옳고 그름을 가릴 줄 아는 마음(시비지심)이다. 인의예지(仁義禮智)가 통합된 진실한 인간성은 누가 억지로 시키는 게 아니다. 내 안에서 자연스럽게 솟아나는 것이다. 그러니 도덕적 행위란 내 안의 인의예지를 실천함으로써 나답게 살아가는 일, 나아가 사람답게 살아가는 일이다. 그것은 외적인 강제가 아닌 내적인 자발성으로부터 비롯된다.

내 안에 있는 사람됨의 표준, 인극(人極)

선조가 소년왕으로 등극하자 당시 선비들의 존경을 한 몸에 받던 퇴계 이황은 거듭된 조정의 요청에 68세의 노구를 이끌고 상경하여 한동안 임금 곁에 머물렀다. 노쇠한 몸으로 오래 서울에 머물기 어려웠던 퇴계는 이듬해 안동으로 돌아가기에 앞서 임금을 위해 성심성의를 다해 책 한 권을 지었다. 선조가 성군이 되기를 바라며, 성학(聖學)의 요체를 10개의 그림과 해설로 제시한 『성학십도(聖學十圖)』이다.

위 그림은 『성학십도(聖學十圖)』의 첫 번째인 〈태극도〉이다. 첫 자리에 놓은 것은 첫째로 중요하기 때문이다. 이황은 〈태극도〉가 '성학(聖學)', 즉 이상적 인격을 갖춘 훌륭한 임금(聖君)이 되는 공부를 여는 핵심이라고 강조했다. 왜 그랬을까? 단편적으로 말하자면 〈태극도〉는 나의 현재 모습이 긍정적이든 부정적이든 그와 상관 없이 궁극적 진리의 표준이 내 안에 불변하는 본성으로 깃들어 있고, 바로 그렇기 때문에 진심으로 노력한다면 누구라도 자신의 본래 모습을 회복하여 진정한 자아를 성취해 나갈 수 있다는 메시지를 담고 있기 때문이다. 이러한 수양이 백성을 편안하게 하는 정치를 펼치는 기초가 된다. 이상적 제왕으로 일컬어지는 요·순(堯舜)이 평생 애쓴 일도 먼저 나를 잘 닦음으로써 백성을 편안하게 하는 일이었다.

백성이 편안하다는 것은 단지 물질적인 의식주의 풍요만을 가

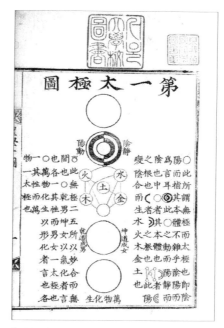

『성학십도』의 첫 번째인 〈태극도〉.
ⓒ한국학중앙연구원

리키지 않는다. 일차적으로 의식주를 갖추고, 그 기반 위에서 궁극적으로는 예의와 염치를 아는 도덕 문화의 기풍을 세우는 일이 중요하다. 그러기 위해서는 백성 스스로 인의예지의 본성을 닦아나가도록 돕는 교육 및 사회제도를 갖추어야 한다. 이러한 문화적 기풍이 흐르는 사회가 성리학이 추구하는 이상적 사회의 모습이며, 이 같은 원대한 목표를 향한 첫걸음이 바로 〈태극도〉에서 제시하는 '나 닦음'이라 할 수 있다.

위의 〈태극도〉 그림을 간략히 해석해보자.

〈태극도〉에서는 먼저 맨 위에 태극을 동그라미 모양으로 그렸는데, 이는 우리에게 익숙한 태극 문양과 전혀 다르다. 성리학의 관점에서 보면 본래 이치는 눈에 보이지 않는다. 어떤 형상으로도 그릴 수가 없다. 〈태극도〉에서 태극을 텅 빈 ○ 모양으로 그린 것은 보이지 않는 이치를 설명하기 위해 상징적으로 표현했기 때문이다.

태극기의 경우는 자연변화의 리듬 자체를 강조해 음양의 율동 모양[☯]을 태극이라 불렀지만, 〈태극도〉는 그러한 자연변화의 리듬을 가능케 하는 이치를 태극이라 부른다는 점에서 차이가 있어 둥근 원의 모양으로만 표현한다. 두 태극의 모양이 다르지만, 후자는 이치[○]이고 전자는 그 이치가 구체적으로 실현된 모습[☯]이니 둘은 별개가 아니다. 성리학의 관점에서 음양이 물결치는 모양은 태극이라는 이치가 눈에 보이게 발현한 모습이다. 태극 ○ 또한 눈에 보이지 않는 이치라고 해서 이 세상과 동떨어져 따로 존재하는 것은 아니다. 늘 세상 속에 함께 있지만, 그것을 원리적으로 구별해 보는 것이다.

두 번째 동그라미의 한 가운데 들어 있는 작은 동그라미 역시 '음양의 변화 가운데 불변하는 태극의 이치'가 들어 있음을 뜻한다. 위의 그림에서 검은 띠는 음의 작용을, 흰 띠는 양의 작용을 나타낸다. 그 아래 그림에서의 큰 동그라미 역시 하늘과 땅의 작용에도, 개개

만물에도 태극이 들어 있음을 형상화한 것이다. 이처럼 태극은 우주의 궁극적 표준이자 음양오행의 변화 가운데 내재해 있고, 개체에 내재해 있으면서 결코 변치 않는 표준으로 인식된다.

다시 말해 태극은 우주 전체를 총괄하는 이치인 동시에 각각의 사사물물에 내재된 선천적인 본성을 가리킨다. 각자에게 부여된 그 본성이 각각의 존재가 좇아야 할 본모습이자 모델이 되는 것이다. 그래서 우리 인간 역시 자신의 내면을 잘 들여다보면 거기서 '사람됨의 표준'을 발견할 수 있다. 이 '사람됨의 표준'을 성리학에서는 '인극(人極)'이라 부른다.

이처럼 우주의 보편적 진리가 내 안에도 내재하므로 개개인은 절대적 주체이다. 그런데 태극은 사람뿐 아니라 이 세상의 모든 사물이 각자 모두 지닌 것이기도 하다. 마치 천지인 삼재 사상에서 이 세상의 모든 사물을 천지 부모의 기운을 나누어 받은 존재자들로 인식하듯, 성리학에서도 이 세상의 모든 개체가 태극을 품고 있다고 본다. 태극은 나와 타자의 공통분모이다. 그러니 개개인은 그 자신이 우주의 중심이지만, 천지 공동체와 더불어 살아가는 협동적 주체이기도 하다.

태극을 펴내는 사람의 길, 인의(仁義)

〈태극도〉의 의미를 해설한 「태극도설」은 결론에서 사람의 길을 제시한다. 그 내용이 『주역』의 "하늘의 길은 음과 양으로 세우고, 땅의 길은 부드러움[柔]과 단단함[剛]으로 세우며, 사람의 길은 인과 의로 세운다"라는 구절이다. 천·지·인이 각기 음양의 상호작용으로 그 질서가 운영된다는 말이다.

사람의 길에서 인(仁)은 양(陽)의 작용을 하며, 의(義)는 음(陰)의 작용을 한다. 인(仁)이 생명의 약동과 발산이라면, 의(義)는 그것을 적절하게 제어하고 가다듬어 열매를 맺도록 한다. 의(義)는 '알맞게 함', '마땅하게 함[宜]'이라는 의미를 지니기 때문이다. 자연의 길에서는 음과 양이 밀고 당김으로 우주적 생명이 지속되어 간다면, 사람이 사람답게 살아가는 길은 '인'과 '의'의 균형과 조화에서 찾을 수 있다.

태극기의 물결치는 태극이 봄·여름·가을·겨울의 변화에 따라 생명을 길러내는 삶을 담고 있고, 그 덕(德)을 원·형·이·정이라 한다면, 〈태극도〉의 태극은 인간을 중정인의(中正仁義)를 운영하는 도덕 주체로 정립하였다. 태극이 자연에서 발현되면 원·형·이·정이고, 인간에게서 발현되면 인·의·예·지이니, 그 실질은 같다. 그리고 인·의·예·지를 축약해서 말하면 인의(仁義)로 대표된다. 『주역』에서는 이렇게 말한다.

"음과 양의 작용이 갈마드는 것이 자연의 길이며, 그러한 자연의 길을 이어받는 것이 선(善)이다. 우리의 본성에는 그것이 내장되어 있다."

인간의 본성으로 내장된 태극의 구체적 내용은 인의(仁義)라는 음양의 작용을 통해 상대적 선악을 넘어서서 보다 큰 차원에서의 선(善)을 실현해 가는 것이다.

봄에는 만물을 살리지만 가을에는 거두고 쳐내어 생명의 균형을 이루듯, 사람의 길은 사랑으로 포용하고 의(義)로써 가지를 쳐내 삶의 균형을 이루어간다. '인'의 생명살림과 '의'로써의 절제라는 상반된 가치가 종합되었을 때 태극의 의미는 완성된다.

인과 의의 변주는 다시 말하면 측은지심(惻隱之心)과 수오지심(羞惡之心)의 협주이다. 측은지심은 '남의 고통을 차마 외면하지 못하는' 마음이며, 수오지심은 '옳지 못한 행위를 부끄럽게 여기고 분노하는' 마음이다. 둘은 동전의 양면과 같아서, 보호되어야 할 생명이 손상당할 때 분노, 항거, 투쟁함으로써 온전한 삶을 회복하기를 목표한다.

몇 해 전 임진왜란을 소재로 한 영화 〈한산: 용의 출현〉에 인상적인 장면이 있었다.

왜군 포로: "대체 이 전쟁은 무엇입니까?"
이순신: "의(義)와 불의의 싸움이지."
왜군 포로: "나라와 나라의 싸움이 아니고요?"
이순신: "그렇다."

단지 내 나라를 침략해 삶의 터전을 짓밟은 적들에 대한 적개심으로 맞서 싸우는 차원이 아니다. 무도하게 침략해 온 불의를 응징함으로써 보편적 대의를 바로 세운다는 뜻이다. 구한말의 의병장 유인석은 명성황후 시해 사건 후 봉기한 무력투쟁의 의미를 "단지 우리 국모가 시해당했다는 복수심에 의해서가 아니다. 저들이 보편적 인류와 정의(正義)에 어긋난 짓을 자행했기 때문에 그것을 응징하는 것"이라고 정의하였다. 같은 맥락에서 남녀노소 없이 거국적으로 일어난 3.1 만세운동 역시 단지 내 나라를 침략한 적에 대한 적개심의 발로에 그치는 것이 아니다. 삶의 공동체를 수호하려는 의지와 보편적 정의에 반하는 불의에 대한 분노를 함께 담고 있다. 그래서 그들은 죽을지언정 그칠 수 없는 것이다. 수오지심의 분노는 사사로운 복수심을 넘어선 태극의 마음이다. 이러한 분노는 피폐와 파멸을 향하는 것이 아니다. 나와 남을 살리고자 하는 거룩한 분노이다.

성리학이 바라보는 인간은 '각자가 태극을 품은' 선(善)을 본질로 한 존재이며, 자율적 판단에 따른 인의예지의 실행 주체이다. 스스로 도덕 주체인 개개인은 전체주의에 휩쓸리지 않으며, 협동적 주체이기에 이기주의에 매몰되는 것도 아니다. 이러한 진리관은 공교육 기관인 향교, 지방 고등교육의 산실인 서원, 마을의 서당, 자치 규약으로서의 향약 등을 통해 방방곡곡에 뿌리내렸고, 생활 속의 유교로 체현되어 역사의 물줄기를 바꾸어갔다.

오늘날 내가 속한 공동체를 위하여 각자가 책임 의식 속에 의사를 결정하고, 참여하며, 행동하여 더 나은 나의 공동체로 성장시켜가는 행동양식을 민주적 거버넌스(governance)라 한다. 이러한 민주적 행동양식을 꽃 피울 수 있는 저력은 이미 전통 속에서 축적되어 온 것이 아닐까?

7

훈민정음 1:
글자이면서 소리인 이유

우리는 훈민정음에 대해 얼마나 알고 있을까?

우리나라에는 국보가 수없이 많다. 그 가운데 가장 귀한 것 하나를 꼽으라고 한다면 무엇이 첫째를 차지할까? 세종이 만든 '훈민정음'이 아닐까 생각된다. 서울 광화문 앞에 좌정하여 온 국민의 존경과 사랑을 받는 세종대왕은 여러 면에서 성왕(聖王)의 면모를 보였지만, 수많은 업적 가운데 으뜸은 단연 훈민정음의 창제일 것이다.

필자가 이렇게 쉽게 글을 쓰고, 독자가 읽을 수 있는 것도 다 세종 할아버지의 덕분이다. '글 모르는 백성이 제 생각을 펼쳐 낼 수 있도록' 28자를 만들었다는 어제(御製) 서문처럼 훈민정음의 창제로 이전에는 소수만이 누리던 문자 생활의 특권을 많은 사람이, 특히 여성들이 보편적 생활문화로 누릴 수 있게 되었음을 생각해

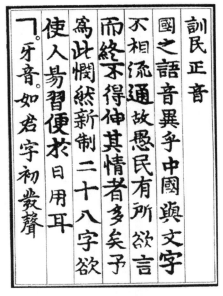

『실록』에서 집자한 『훈민정음』 어제 서문,
『학산이정호전집』 중.

보면 감탄을 넘어 숙연한 마음을 금할 수 없다.

　한국인이라면 누구나 어려서부터 훈민정음의 훌륭한 점을 배우고 들으며 성장한다. 흔하게 많이 접하는 내용이 훈민정음은 발음기관의 모양과 일치하는 과학적인 문자이며, 천지인 삼재의 원리로 이루어졌다는 내용일 것이다. 거의 모든 사람이 가지고 다니는 스마트폰에서 천지인 삼재(· , ㅡ, ㅣ)를 응용한 문자 입력법을 많이 쓰고 있으니, 오늘날에도 훈민정음에 담긴 천지인 삼재의 원리는 잘 활용되고 있는 셈이다. 그러나 이런 정도일 뿐이다. 우리는 훈민정음을 자랑스럽게 여기는 것에 비해 훈민정음에 대해 그리 잘 알고 있는 것 같지는 않다.

　훈민정음을 창제하는 데 음성학 또는 음운학이 기초가 됨은 당연한 일이다. 하지만 훈민정음은 15세기 최첨단 철학 이론이 집약적으로 응축된 산물이기도 하다. 인간의 존엄성을 말하는 성리학의 인극(人極) 사상과 '주역'의 철학이 그것이다. 글자 모양이 발음기관의 모양과 일치하는 것도 구체적 모양[象]에 자연의 이치를 담아낸다는 '주역'의 원리가 잘 구현된 것이다. 그뿐만 아니라 조선조에는 훈민정음을 '음악 아닌 음악'으로 보아 『동국문헌비고』의 '악고(樂考)' 부분에 붙여두었다. 현대의 우리가 알기는 어렵지만 훈민정음에는 궁상각치우의 5음, 12율려(음악이나 음성의 가락), 청탁고저의 소리 변화를 담고 있어서 음악을 짓는 이치가 들어 있다. 당시에는 사성(四聲)의 고저장단이 살아있었으므로 더욱 음악에 가까웠을 것이다.

그리고 뒤에 설명하겠지만 음운학이든 철학이든 음악학이든 그 바탕에는 자연의 보편질서인 음양오행의 원리와 인간의 존엄성을 말하는 천지인 삼재 사상이 관통하고 있다. 또한 전서(篆書)를 본뜬 훈민정음의 서체 역시 캘리그라피(calligraphy)의 측면에서 연구해 볼 만한 가치가 있다. 훈민정음은 여러 방면에서 접근이 가능한, 또 여러 측면에서 종합되었을 때 그 모습이 온전히 드러날 수 있는 하나의 종합예술적 성격을 지닌 작품과 같다.

해례본의 서글픈 역사

'훈민정음'이 어떠한 원리에 따라 지어졌는지 알려주는 문헌이 집현전 학사들이 펴낸 『훈민정음해례』이다. "해례(解例)"란 글자 그대로 '풀이와 보기'라는 말이다. 『해례본』에는 새로운 글자를 왜 만들었는지, 어떻게 읽는지, 어떤 원리를 담고 있는지 어떻게 사용하는지 등 훈민정음에 관한 모든 것이 담겨 있다. 이렇게 귀중한 책이 고이 전승되어왔어야 마땅하건만 수백 년간 자취를 감추었다가 1940년대 안동의 민가에서 극적으로 한 권이 발견되었다. 더군다나 앞의 두 장은 없어지고 뒤집어 묶여 이면지로 사용된 상태로 발견되었다. 하마터면! 하는 생각에 가슴을 쓸어내리게 된다. 이제는 그 값어치를 환산할 수 없는 귀한 몸이 되었지만, 이면지로 쓰여 글씨 연습을 한 먹물이 얼룩덜룩 배어 나오는 『해례본』을 보노라면 만감이 교차한다. 천대받던 언문의 상처를 품어 안은 서글픔이 깊숙이 서려 있다. 당시 『해례본』을 매입한 간송 전형필 선생이, 소유주가 기와집 한 채 값인 천원을 부르자, 되려 1만 원을 주고 샀다는 일화는 유명하다.

근래 상주본이라 불리는 또 하나의 『해례본』이 출현했다고 하나, 불에 그슬리는 사고를 당하기도 하고 그 소재와 보존 상태를 확

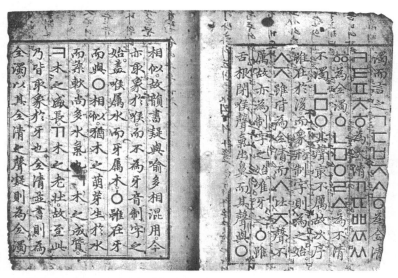

글씨 연습을 한 먹물이 배어나는 『훈민정음해례본』.
이정호, 『훈민정음의 구조원리』 부록 중.

인할 수도 없으니 이래저래 『해례본』의 수난사는 지금도 진행형이다. 그러니 현재로서는 서울 성북구 간송미술관에 소장된 간송본 『해례본』이 유일한 국보라 하겠다. 이 『해례본』의 출현으로 말미암아 그동안 훈민정음을 둘러싼 여러 가지 억측은 해 뜨자 별 지듯 그 빛을 잃게 되었다. 『해례본』에서는 훈민정음이 어떤 원리에 의해 만들어졌는지 '글자 지은 풀이[制字解]'를 통해 소상하게 밝히고 있기 때문이다.

자연의 소리를 그려낸 자연의 글자

> 천지자연의 소리[聲]가 있으면 반드시 천지자연의 문채[文]가 있는 법이니, 옛사람이 소리를 따라 글자를 만들어서 그것으로 만물의 뜻을 통하며 그것으로 천지인 삼재의 이치를 실었다. … 간단하고도 요령이 있으며, 정밀하고도 잘 통한다. 그러므로 슬기 있는 이는 아침을 마치기 전에 깨칠 것이요, 어리석은 이라도 열흘이면 넉넉히 배울 것이다. … 쓰는 데마다 갖추지 않음이 없고, 가는 데마다 통하지 않음이 없다. 비록 바람 소리와 학(鶴) 소리와 닭의 울음과 개 짖는 소리라도 잘 적을 수 있다.
>
> ―『훈민정음』, '정인지 서문'

'훈민정음(訓民正音)'은 '백성을 가르치는 바른 소리'이다. 글자를 지어놓고 왜 '소리[音]'라고 하였을까? 누구나 한 번쯤은 이에 대해 의문을 품어보았을 법하다. 이 의문을 풀 수 있는 실마리를 집현전 학자 정인지가 작성한 해례의 서문('정인지 서문')에서 찾을 수 있을 듯하다. 위 인용에서 알 수 있듯 정인지는 "천지자연의 소리가 있으면 그에 상응하는 문채[文]가 있어서, 소리에 따라 글자[字]를 지어서 그 문채를 표현할 수 있다"는 취지를 밝혔다.

문(文)은 통상 '문채', '무늬'라 풀어쓰는데, 꾸밈, 아름다운 모양 및 양식을 뜻한다. 천문(天文), 지문(地文), 인문(人文)의 '문'이 그런 뜻이다. 해, 달, 별이 하늘의 무늬[天文]이며, 산, 바다, 강, 짐승, 물고기, 초목 등은 땅의 무늬[地文]이다. 인문, 사람의 무늬는 무엇이라 해야 할까? 사람을 아름답게 하는 문화, 예술, 종교, 철학 및 그것이 추구하는 가치가 그에 포함되겠다. 문명, 문화, 문양의 문(文)이 모두 이 뜻이다.

빗소리, 바람 소리, 파도 소리와 같은 자연의 소리[聲]는 그 자체로 하나의 예술이기도 하며, 그것을 일정한 틀에 담아내었을 때 시가 되고 음악이 된다. 정인지의 말은 훈민정음 글자의 모양과 운용법에는 자연의 소리에 따른 천, 지, 인의 무늬가 담겨 있다는 뜻으로 읽을 수 있다. 자연의 이치를 담고 있으니 간단하면서도 정밀하여 사람의 소리뿐 아니라 자연의 소리도 잘 적을 수 있다고 자신 있게 말하고 있다. 새로운 글을 '문자'라 하지 않고 굳이 음(音)이라고 한 데에서 시각과 청각을 아우르는 의미를 읽을 수 있지 않은가 생각해 본다.

또 하나의 생각은 소리가 그대로 글자가 되었기 때문이다. 예를 들어 ㄱ은 소리[g, k]이기도 하고, 그 소리를 낼 때 취하게 되는 발음기관의 모양을 그린 글자이기도 하다. ㅗ는 땅을 상징하는 ㅡ 위에 하늘을 상징하는 • 를 붙여서 만들 글자인데, 그것은 표기체계인 동시에 소리를 상형화한 것이기도 하다. '바른 소리'라고 한 것은 글자를 만든 원리가 인위적인 것이 아니라 자연의 원리를 그대로 형상화하였다는 의미로 해석해 볼 수 있다. 그러면 자연의 보편질서가 어떻게 훈민정음의 글자로 구현된 것일까?

음양오행을 벗어나는 것은 없다

하늘과 땅의 이치는 하나의 음양과 오행뿐이다. 곤괘(坤卦, ☷)와 복괘(復卦, ☳) 사이가 태극(太極)이 되고 움직이고 고요한 후에 음양이 된다. 무릇 생명을 가진 무리로서 하늘과 땅 사이에 있는 것이 음양을 두고 어디로 가겠는가? 그러므로 사람의 목소리도 다 음양의 이치가 있건마는 도리어 사람이 살피지 못할 뿐이다. 이제 정음(正音)지으신 것도 애초에 꾀로 일삼고 힘으로 찾아낸 것이 아니라 다만 그 목소리에 따라 그 이치를 다하였을 뿐이다. 이치가 이미 둘이 아니니 어찌 천지자연의 질서와 그 쓰임이 같지 않겠는가! 정음 28자도 각각 그 **형상**을 본떠서 만들었다.

『훈민정음해례』에 수록된 '글자 지은 풀이'의 첫머리이다.『해례본』의 작자들은 이 몇 줄을 통해 훈민정음의 원리가 무엇인지 그 핵심을 요령 있게 설명한다.

'글자 지은 풀이'는 이 우주를 포괄하는 보편원리가 음양과 오행이라는 선언으로 시작한다. 이 세상 모든 것은 음양오행이라는 보편법칙의 지배 아래에 있다는 이야기이다. 사람의 목소리도 이 세계 안의 것이니, 거기에도 음양과 오행의 법칙이 있음은 당연한 귀결이다. 훈민정음은 자연의 순리에 따라 목소리에 깃든 음양과 오행의 이치를 찾아내 그것을 글자로 형상화했다. 인위적인 꾀로 만들어낸 것이 아니라는 설명이다. 자연의 이치는 둘이 아닐 터이니 두루 통한다. 간단히 말해 훈민정음은 자연의 이치를 그대로 글자에 담아냈다는 말이다. 훈민정음에는 보편법칙이라는 음양과 오행이 어떤 모습으로 들어 있는 것일까?

훈민정음의 비원(祕苑)으로 안내하는『주역』

『훈민정음해례』에는 '자연의 이치가 그대로 글자가 되었다'는 말 한마디로는 다 담아낼 수 없는 많은 이야기가 숨어 있다. 그 비밀스러운 정원이 궁금하다면 그 문을 열고 들어가 볼 일이다. 그런데 그 문을 열기 위해서는『주역』이 세계를 설명하는 방식과 틀을 먼저 알아야 한다. 목소리에 깃든 음양오행의 이치를 글자로 담아내는 과정을 보다 실감 나게 이해하려면 이 과정은 꼭 필요하다.

　　『주역』에서 세계를 이해하는 방식은 크게 두 갈래이다. 하나는 모양과 숫자, 즉 상수(象數)로 해명하는 것이고, 다른 하나는 인문학[義理]적 관점에서 이치를 탐구하는 것이다.

　　상(象)은 '모양'이란 뜻이다.* 예를 들어『주역』을 구성하는 기본요소인 8개의 괘 가운데 곤괘(坤卦, ☷)는 가운데가 탁 트여 뻗어나가는 대지의 모양이고, 간괘(艮卦, ☶)는 그렇게 땅을 가다가 턱

●　　『주역』의 상(象)에 관한 설명은 이 책의 1부 '3『주역』을 읽기 위한 준비' 참조.

걸리는 산 모양을 그린 것이다. 그래서 간괘는 '산'을 상징하며 이로부터 멈춤, 그침, 고요함 등의 뜻이 파생되어 나온다. 이런 식으로 건괘(乾卦, ☰)는 항구 불변한 자연 운행의 꿋꿋함을, 감괘(坎卦, ☵)는 도랑 속에 푹 빠져 옴짝달싹 못 하는 위험함을 나타낸다.

『주역』에서의 의리(義理)는 '정의롭다'는 말이 아니라 '의미'와 '이치'를 뜻한다. 말하자면 인문학적 관점에서 『주역』의 상(象)과 텍스트에 접근하는 것이다. 훈민정음에 적용해보면 상(象)은 직립한 사람의 형상을 본떠 "ㅣ"를 그리는 방식이고, 의리(義理)적 관점이란 직립한 인간인 "ㅣ"에 대해서 "머리는 하늘에, 발은 땅에 버티고 서서 하늘과 땅을 이어주는 존재, 하늘과 땅의 화육작용을 돕고 완수하는 존재"라는 해석을 덧붙이는 식이다. "ㅣ"의 사례에서 볼 수 있듯이 상수와 의리는 서로 보완적이다. 상수 있는 곳에 의리가 있고, 의리가 있는 곳에 상수가 있다.

훈민정음은 글자의 모양[象]에 인문학적 의미[義理]를 담고 있고, 얼른 보이지는 않지만 오행의 방위와 숫자도 그 안에 들어 있다. 다음 글에서 상세히 다루겠지만 초성 17자는 발성기관의 구조와 오행에 따라 동·서·남·북·중앙의 다섯 방위로 나뉘고, 중성 11자 역시 다섯 방위와 숫자를 지니고 있다. 초성의 기본자(ㄱ, ㄴ, ㅁ, ㅅ, ㅇ)가 발성기관의 모양을 그대로 본떴다는 과학성도 실은 "자연의 이치를 형상화 했다"는 상수학적 발상인 것이다.

또 역(易)에는 세 가지 의미가 있는데, 불역(不易), 변역(變易), 이간(易簡)이다. 불역은 '바뀌지 않는다'는 뜻이니 불변의 보편적 원리를 뜻한다. 원리는 변하지 않는 중심을 제공하지만, 이루 다 셀 수 없는 현상으로 변화무쌍하게 전개될 수 있다. 그것이 '변역'이다. 여기서 그 방식은 쉽고 간단하다는 것이 '이간'이다.

훈민정음은 이러한 역(易)의 세 가지 뜻을 다 갖추었다. 자연의 이치에 따라 28개의 자모(자음 17개, 모음 11개)로 세상의 거의 모든 소리를 그려낼 수 있다. 간단하지만 변화는 무궁하다. "하늘과 땅 사이에 있는 것이 음양을 두고 어디로 가랴?", "바람 소리, 개 짖는 소리까지 다 적을 수 있다"라고 한 『해례본』 작자의 자신감에는 이유가 있다.

이처럼 훈민정음은 '주역'의 핵심 원리가 집약적으로 망라되어 창조적으로 구현된 작품이다. 우리는 '글자 지은 풀이'의 초성과 중성, 그리고 초·중·종성의 운용법에 관한 설명에서 그 구체적 내용을 확인할 수 있다.

8

훈민정음2: 천지자연의 문채를 담다

우리 생활 속 오행의 흔적

"청군 이겨라! 백군 이겨라!"

청명한 가을 하늘 아래 만국기가 펄럭이는 운동장에서 희고 푸른 운동모자를 뒤집어쓰고는 목이 터지라 응원하던 어린 시절의 기억이 있다. 운동회는 늘 청군과 백군으로 나뉘어 청백전을 벌이는 것이 당연했다. 청과 백이 오행에 따라 동쪽과 서쪽을 상징하는 색깔임을 알게 된 것은 꽤 나중의 일이다.

생각해 보면 오늘날에도 생활 속 오행의 관념을 적잖게 발견할 수 있다. 정월 대보름에 먹는 오곡밥, 다섯 가지 맛이 난다는 오미자(五味子)차, 동·서·남·북·중앙의 다섯 방위를 색으로 표현한 오방색(五方色), 궁궐과 사찰 그리고 향교의 단청(丹靑) 등이 우선

색동저고리와 궁중음식 구절판, 국립민속박물관 소장.

떠오른다. 색동저고리, 비빔밥, 구절판의 화려한 빛깔도 오방색의 연장선에 있겠다. 무엇보다 수도 서울 다섯 방위에 흥인지문(興仁之門), 돈의문(敦義門), 숭례문(崇禮門), 홍지문(弘智門)을 세우고 그 중심에 보신각(普信閣)을 두었다. 인의예지신(仁義禮智信)의 덕목을 널리 드러내었음을 바로 알 수 있다.

역사적으로 오행 관념은 한국문화와 뗄 수 없는 관계를 형성해 왔다. 고구려 고분의 사신도(四神圖)는 가운데 무덤의 주인을 안치하고 네 방위의 수호신을 그려 넣었는데, 북쪽의 현무(玄武)는 신랑 뱀과 거북 각시가 뒤엉켜 음양의 화합을 나타낸다. 그보다 앞선 사례가 『삼국사기』에도 있다. 1세기 무렵 고구려 제2대 유리왕 시절 북방의 색인 검은 개구리와 남방의 색인 붉은 개구리가 싸우다 검은 개구리가 몰살당했다. 이를 두고 대치 관계에 있던 부여(夫餘)

의 패망을 점쳤다는 정치·외교적 기 싸움의 냄새가 물씬 나는 기록이다. 백제의 경우는 아예 중국의 기록 『주서(周書)』에 백제인들이 '음양오행을 잘 알았다'고 쓰여 있고, 신라 역시 『삼국사기』에 여러 기록이 있는데, 그중 '단청' 이야기가 눈에 띈다. 솔거가 그린 소나무 벽화에 종종 새들이 날아들었는데, 색이 바래 단청으로 보수하자 더 이상 새들이 날아들지 않았다고 한다. 고구려의 오부제(五部制), 백제의 오방오부제(五方五部制) 등도 모두 오행 관념의 반영이다. 이후 고려와 조선시대의 학술, 정치, 제도, 천문, 의학, 문화 풍속에 반영된 오행 사상은 이루 다 거론할 수가 없다.

목·화·토·금·수의 오행은 단순히 나무·불·흙·쇠·물이라는 물체가 아니라 그것으로 상징되는 어떤 포괄적 성질을 가리킨다. 이를테면 봄철에 '구불구불 뻗어나가는[曲直]' 성질을 목(木)으로 상징한다. '구불구불 뻗어나간다'는 말은 여린 봄기운이 무거운 겨울 기운을 이기며 올라오는[乙] 모습이기도 하고, 아기가 태어날 때도 회전하며 나오는 모습이기도 하다. 구불구불 나아가는 운동은 생명이 자라기에 유리한 자연의 지혜인가 보다.

여름철 불꽃처럼 올라가는 성질[炎上]을 화(火)라 하고, 가을에 급격히 변하여[從革] 단단하게 열매 맺는 성질을 금(金)이라 한다. 겨울에 생명의 기운을 아래로 내려 뿌리를 촉촉이 적시는[潤下] 성질을 수(水)라고 한다. 『주역』 건괘의 원·형·이·정(元亨利貞)이 봄·여름·가을·겨울의 특징을 상징적으로 드러내듯, 오행의 목·화·토·금·수 역시 그렇게 비겨 볼 수 있다. 토는 밖으로 뻗어나가는 성장을 멈추고 이제 단단한 결실을 거둘 수 있도록 조절해 주는 중심의 역할이다. 꽃 떨어지고 열매 맺힌다.

동북아시아에서 오행은 이 세계를 체계적으로 인식하고 파악하기 위해 고안된 보편적 분류의 틀이다. 방위, 색, 숫자, 신체, 곡식, 동물, 식물, 사람이 지켜야 할 오상(五常, 仁義禮智信)의 덕목에 이르기까지 이 세상에 오행의 체계로 분류하지 못할 것은 없다. 그러니 오곡밥, 오미자차, 색동옷, 비빔밥은 다섯 가지 빛깔로 우리의 의식주에 이 세계를 다 담은 것이나 마찬가지다.

사람의 발성기관에 깃든 천지자연의 모습

훈민정음이 어떤 원리에 근거해 만들어졌는지를 설명한 『훈민정음해례』의 '글자 지은 풀이'를 보자. 음양오행이 세계의 보편 법칙이고, 훈민정음은 목소리에 깃든 음양오행의 이치를 찾아내었을 뿐이라는 선언으로 시작한다. 목소리에 깃든 음양오행의 이치를 글자로 담아내는 과정은 초성 17자에서 잘 드러난다. 17자는 지금은 쓰지 않는 여린히읗(ㆆ), 꼭지이응(ㆁ), 반치음(ㅿ)을 포함한다. 사람의 목소리는 자연의 이치에 따라 다섯 발성기관에서 나오는 것으로 분류된다. 발성 부위의 순서대로 본다면 목구멍소리, 어금닛소리, 혓소리, 이빨소리, 입술소리이다.

각 발성기관을 대표하는 기본음 ㅇㄱㄴㅅㅁ이 있고, 소리가 거세짐에 따라 획을 더해 나머지 글자를 만든다. 이를테면 혓소리의 그룹은 ㄴㄷㅌ, 이빨소리의 그룹은 ㅅㅈㅊ과 같은 식이다. 기본음은 각 발성기관의 모양을 그렸다. ㅇ는 목구멍을, ㄱ은 혀뿌리가 목구멍을 막는 모습을, ㄴ은 혀가 윗잇몸에 닿는 모습을, ㅅ은 송곳니를, ㅁ은 입술을 다문 모양을 그대로 그렸다. 발성기관의 모양을 그려낸 글자의 모양, 그것이 바로 『주역』이 말하는 상(象)이다.

초성 17자	ㅋ ㆁ	(ㄹ) ㅌㄷ ㄴ	ㅍㅂ ㅁ	(△) ㅊㅈ ㅅ	ㅎㆆ ㅇ
기본음	ㄱ	ㄴ	ㅁ	ㅅ	ㅇ
상(象)	혀뿌리가 목구멍을 막는 모양	혀가 입천장에 닿는 모양	입술 모양	송곳니 모양	목구멍 모양
발성기관					
발성기관	어금닛소리 아(牙)	혓소리 설(舌)	입술소리 순(脣)	이빨소리 치(齒)	목구멍소리 후(喉)
계절	봄	여름	끝여름/환절기	가을	겨울
오행	목	화	토	금	수
방위	동	남	중앙	서	북

이정호 『국문 영문 해설역주 훈민정음』, 보진재, 1986 참조.

초성의 오행에는 방위, 계절, 음(音)이 있다

오행의 체계로 포착되지 않는 것은 없다고 했다. 사람의 목소리 역시 오행에 근본하기 때문에 훈민정음은 네 계절, 방위, 각·치·궁·상·우의 오음(五音)과도 잘 어울린다. "해례"의 설명은 이렇다. 먼저 발성기관 중 가장 깊은 곳인 목구멍소리는 물(水)-북쪽-겨울-우(羽)에 해당한다. 목구멍은 깊고 물기가 많으며, 소리의 특성도 물처럼 투명하여 걸림이 없어서이다. 그다음에 있는 발성기관인 어금닛소리는 나무(木)-동쪽-봄-각(角)이 된다. 어금니는 얽히고 길어서 나무와 같다. 그다음에 있는 발성기관인 혀는 불(火)-남쪽-여름-치(徵)이고, 소리의 특징은 마치 불이 굴러 퍼지며 너울너울 하는 것과 같다. 그다음 송곳니에 해당하는 쇳소리(金)는 서쪽-가

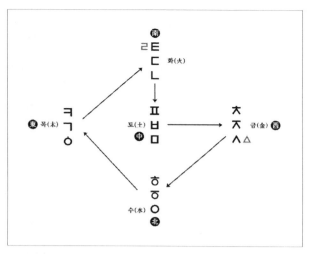

〈오행상생 초성방위도〉, 『학산이정호전집』.

을-상(商)이다. 마지막으로 입술은 전체 발성기관을 감싸 안고 있
는 형상으로 오행의 토(土)-끝 여름/환절기에 해당한다. 오행의 토
는 만물을 감싸 안고 포용하며, 고정된 자리 없이 네 계절의 끝에
붙어서 고르게 조절하는 역할을 한다. 토(土)를 여름의 끝자락에 붙
이기도 하는 것은 극한에 이른 더위가 방향을 바꾸어 추위를 향해
돌아가는 큰 변화의 지점이기 때문이겠다. "해례"는 위와 같은 설
명의 끝머리에 "이상 첫소리에 음양과 오행의 방위 수가 있음을 말
했다"라고 맺음한다. "해례"가 말하는 대로 초성 17자의 음양오행
방위의 수를 그려보면 위와 같은 오행상생의 그림이 된다.

'상극'이 아닌 '상생'을 지향하는 초성의 다섯 방위

음양과 마찬가지로 오행 역시 서로 관계를 맺음으로써 작용하는
데, 그 관계 방식이 상생(相生)과 상극(相克)이다. 상생 관계는 수는
목을 낳고[水生木], 목은 화를 낳고, 화는 토를 낳고, 토는 금을 낳고,

금은 수를 낳는다는 식이다. 상극은 물은 불은 이기고[水克火], 불은 쇠를 이기고, 쇠는 나무를 이기고, 나무는 흙을 이기고, 흙은 물을 이긴다는 관계를 맺고 있다. 이 세상은 상생과 상극의 상호작용으로 굴러가기 때문에 어느 한 편이 반드시 좋고 나쁘다고 할 수 없다. 삶이 있으면 죽음이 있는 것이고, 슬픔이 있으면 기쁨도 있는 법이다. 근심 걱정이 많기를 바라는 사람은 없지만, 그 근심거리가 나를 살리는 원동력이 되기도 한다. 안락하기를 바라지만 그 안락함이 되레 나의 생명력을 해치기도 한다.

훈민정음 초성은 오행의 '상생(相生)' 관계를 바탕으로 한다. 만약 독자가 '훈민정음 초성 17자의 배치는 아·설·순·치·후(牙舌脣齒喉)의 순서에 따른 것'이라고 알고 있다면, 그것이 바로 오행의

아설순치후의 오행 상생 관계로 배열된 초성 17자, 『학산이정호전집』.

'상생' 관계에 따른 이해이다. 『해례본』의 첫머리에서 정음 28자를 설명할 때, "ㄱ은 큼자의 첫 발성이다"라고 하여 ㄱ부터 설명을 시작한 것도 아·설·순·치·후의 오행 상생의 순서에 따른 것이다. 상극이 아닌 상생을 택했다. '낳고 살린다'는 상징적 의미를 취한 것이 아닐까?

『해례본』에 나오지 않는 초성 이야기

『해례본』에 나오지는 않지만 소개하고 싶은 이야기가 있다. 20세기의 종교사상가 다석(多夕) 유영모(柳永模, 1890~1981)의 훈민정음에 관한 이해이다. 그는 ㄱ을 하늘에서 내려오는 건(乾)의 상징으로, ㄴ을 하늘 말씀을 고스란히 받아 안은 땅의 곤(坤)으로 풀이하였다. 다석은 우리말에 담긴 철학성과 종교성을 깊이 사색한 인물이다. 그가 ㄱㄴ을 건괘와 곤괘에 비겨 본 것은 『주역』과 훈민정음에 관한 깊은 통찰이 담겼다고 느낀다.

　　『주역』에서 말하는 곤(坤)의 특징은 '순(順)'이다. '순종한다', '따른다'는 의미인데, 이는 주체적 판단 없이 그저 시키는대로 한다

초성의 천지인 삼재와 간(艮) 소년, 『학산이정호전집』.

는 뜻이 아니다. 유학적 관점에서는 하늘로부터 받은 선한 본성이 훼손됨 없이 고스란히 지켜 따른다는 의미를 담고 있다. 종교적 관점으로 말하면 하늘의 말씀을 그대로 받아 안아 순종하는데, 그 정도가 죽음에 이를지라도 그렇게 한다는 차원이다. 살신성인(殺身成仁)의 거룩함과 매운 절개의 뜻을 담고 있는 글자가 순(順)이다. 게다가 자신의 공을 드러내지 않고, 하늘의 일을 대행해서 끝마칠 뿐[无成以終]이라는 태도를 보이는 것이 『주역』이 말하는 곤괘의 이야기이다. 다석 선생의 뜻이 꼭 그러한지는 알 수 없으나, ㄱㄴ에서 건곤을 매개로 한 종교적 수행의 확장된 의미를 읽을 수 있다.

역학(易學)의 관점에서 훈민정음을 연구한 인물로 학산(鶴山) 이정호(李正浩, 1913~2004)를 언급하지 않을 수 없다. 그는 저서 『해설 역주 훈민정음』과 『훈민정음의 구조원리』를 통해, 훈민정음이 역(易)의 원리에 따라 지어졌음을 밝혔다. 학산은 훈민정음이 어학서이자 또 하나의 역학서로 볼 수 있다고 하였다. 그 가운데 훈민정음 초성과 관련하여 흥미로운 부분이 있다. "해례"에는 설명이 없지만, 학산은 초성에 천지인 삼재와 간괘(艮卦, ☶) 소년의 모습이 들어 있다고 보았다.

왼쪽 그림에서와 같이 초성 기본자를 합하면 하늘(○) 땅(□) 사람(△)의 모습이 들어 있으며, 이를 펼쳐 놓으면 머리가 큰 어린아이의 모습이 된다. 『주역』의 체계에서 간괘(☶)는 소년(막내아들)을 상징하고 동쪽 나라 한국을 가리키는 것으로 되어 있다. 한국에서 출현한 『정역』에서는 '주역(周易)'의 선천시대 질서가 끝나고, 새롭게 도래할 후천시대의 주역(主役)으로 간(艮, ☶) 소년을 지목하고 있으니, 훈민정음 초성에서 어린이의 상(象)을 펼쳐볼 수 있는 것도 재미있는 일이다.

오행의 문화는 역사적인 '나'의 일부분

훈민정음은 초성이나 중성이나 모두 음양오행과 천지인 삼재를 바탕으로 한다. 초성은 음양오행이 위주가 되어 자연의 문채를 표현해 냈다면, 중성은 천지인 삼재의 원리가 더 중심이 되어 깊은 인간학적 의미를 제시한다. 놀랍게도『주역』에 '오행'이라는 글자는 나오지 않는다. 풍부한 음양적 사유와 '음양'이라는 글자가 있을 뿐이다. 음양과 오행은 고대의 어느 시기부터 마치 고춧가루 없는 김치를 생각하기 어려운 것처럼 뗄 수 없는 관계가 되었다. 음양과 오행이 융합함으로써『주역』은 더 새롭고 풍성한 체계를 갖추게 되었다. 그 틀은 수천 년 동안 동북아시아 문명의 기층을 이루며 삶의 양식으로 뿌리내렸다.

　　지금 현대의 한국인은 더는 오행적 세계관을 의식하면서 살지는 않는다. 하지만 오랜 문화적 훈습이 쉽게 사라지는 것은 아니다. 절기를 의식하며 자연의 리듬과 함께 호흡하는 생활양식, 상생과 상극 관계의 조화로운 운용, 공동체와 함께 살아가는 삶의 주체 형성 등에는 알게 모르게 음양오행적 세계관이 영향을 끼치고 있다고 본다.

　　수천 년이 흘러왔어도 음양오행의 바탕이 되는 세계관은 '변화[易]'이며, 상반된 음양의 역동적 작용을 통해 조화와 균형을 추구한다는 점은 분명하다. 어떤 방면에서 음양오행을 연구하고 활용하든 그 방향은 사람의 삶을 보다 성숙하게 이끌어가는 길잡이여야 한다. 그것이 미래를 여는 음양오행 활용법의 정석이겠다.

9

훈민정음 3:
당신은 어떤 틀로도
규정될 수 없는 존재

사람, 하늘과 땅을 잇는 존재

오늘날 세계 유수 언어학자들은 훈민정음이 합리적이고 과학적이며 독창적인 문자라고 거듭 평가한다. 일일이 나열하기 어려울 지경이다. 하지만 그들이 아직 포착하지 못한 것이 있다. 훈민정음의 자모(字母)는 철학적 체계를 갖춘 역사상 유일한 문자라는 사실이다. 물론 동양의 15세기 이론체계로 구현된 철학이니 그들의 눈에 포착될 리 만무하다고 생각할 수 있다. 그럼 한국인은 얼마나 그 사실을 알고 있을까? 우리의 전통 자산이 우리 자신에게조차 낯설어져 버린 현실이다.

『주역』에서는 "역(易)의 도는 넓고 커서 이 세상의 모든 것이 갖추어 있으니, 요약하면 하늘과 땅과 사람의 도리이다"라고 한다. 이른바 천지인 삼재론이다. 천·지·인에서 사람은 하늘 아버지, 땅 어머니의 소산이되 그 부모의 사업을 완수하는 고귀한 존재이다. 나아가 세상 만물은 모두 천지 부모의 자식들이니, 그 맏이인 사람이 수많은 형제자매를 잘 돌보아 함께 천수를 누리는 것이 효(孝)라는 사상이 삼재론에 담겨 있다. 즉 만물을 낳고 살리고자 하는 천지 부모의 마음을 닮아 나아갈 때 사람은 비로소 불초자(不肖子)를 면할 수 있다. 불초(不肖)는 닮지 못했다는 뜻이니, '불초자'는 부모를 닮지 못한 불효자식이란 말이다. 사람이 만물의 영장(靈長)이 되는 것은 바로 천지 부모의 뜻을 잇는 자기인식과 실천 때문이라 할 수 있다.

훈민정음 중성은 · ─ ㅣ 천지인 삼재로 구성되어 있다. ·는 봄·여름·가을·겨울이 둥글게 순환하는 하늘의 모양을 그렸고, ─는 평평한 땅 모양을 그렸으며, ㅣ는 하늘과 땅을 잇는 직립(直立)한 사람의 모양을 본떴다. 사람이 하늘과 땅을 '잇는다'는 말의 함의는 무엇일까? 사람이란 하늘과 땅으로 상징할 수 있는 두 상반된 가치를 종합해서 실현하는 존재라는 의미이다.

중성의 천지인 삼재도.

'직립'한 사람의 형상에도 의미가 있다. 동물이 네 발로 다녀서 땅과 나란한 것과 달리, 사람은 하늘을 향해 머리를 세우고 꼿꼿이 선다. 생존 욕구가 충족되면 그만인 동물성에서 벗어나 더 고차원적인 세계를 지향한다. 그런데도 두 발은 대지에 굳건히 버티고 서서 결코 현실의 기반을 떠나지 않는다. 하늘의 가치와 땅의 가치, 이 상반된 양자를 종합하여 꽃피우고 열매 맺을 수 있는 유일한 존재가 바로 사람이라는 것, 그것이 『해례본』이 전하는 이야기이다.

하늘(초성)과 땅(종성)의 소리는 사람(중성)으로 완성

우리글의 초성, 중성, 종성 역시 하늘-사람-땅의 구조이다. 초성은 소리를 처음 일으키기 때문에 하늘의 역할이고, 종성은 소리를 마치는 땅에 해당하며, 모음인 중성은 하늘과 땅을 이어주는 사람의 역할에 해당한다. 그런데 모음인 사람이 없으면 소리가 이루어지지 않는다. 아무 글자라도 생각해 보라. 중성 없이 초성과 종성만으로는 완성된 소리를 이룰 수 없다. 마찬가지로 사람이 제 몫을 다하

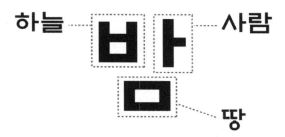

초성-중성-종성은 하늘-사람-땅의 구조이다.

지 못한다면 천지의 뜻은 온전히 실현될 수 없다. 초성-중성-종성과 하늘-사람-땅은 이렇게 연동한다. 우리가 매일 글을 읽고 쓸 때 사람이 역할을 함으로써 천지의 뜻과 기능이 제빛을 발한다는, 우리글의 사람에 관한 철학이 글자의 원리 속에 숨 쉬고 있다.

못다 한 이야기: 사람은 고정된 틀로 규정할 수 없는 존재

사실『해례본』에 담긴 인간론의 백미를 맛보려면 이젠 너무나 낯설어진 세계의 언어를 맞닥뜨려야 한다. 지금 그 어렵고 복잡한 이야기를 다 풀어낼 수는 없고, 그 난해한 암호의 결론만 살짝 내보이련다. 조선 초기 새롭게 등장한『주역』의 이론을 담은〈하도(河圖)〉라는 도상(圖象)이 있다. 자세히 들여다보지 않더라도 이 그림이 지향하는 가치가 오행의 '상극'이 아닌 '상생'이며, 양을 높이고 음을

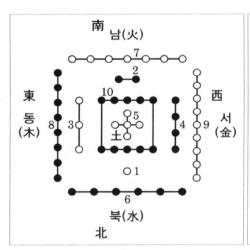

1~10까지 숫자가 오행 상행의 원리에 따라 동서남북에 배치된 〈하도〉.

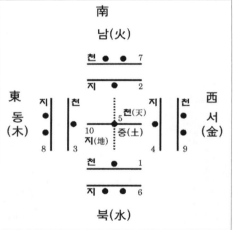

중심에는 · ㅡ, 가운데는 ㅗ ㅏ ㅜ ㅓ, 바깥쪽으로는 ㅛ ㅑ ㅠ ㅕ가 동서남북의 방위와 오행의 숫자에 맞춰 배치되어 있다. ㅣ는 방위와 숫자가 없다. 〈훈민정음 중성도〉,『학산이정호전집』.

억누르는 체계[억음존양(抑陰尊陽)]가 아니라 음과 양이 균형적 조화를 이루는 이상의 세계를 드러내고 있다는 점만 기억해 두자. 그것이 훈민정음의 작자가 지향했던 가치의 방향성을 보여주기 때문이다.

『해례본』이 도상을 통해 말하려는 핵심은 첫째, 중성 11자에 음양의 균형과 조화라는 이상적 가치가 담겼다는 것이다. 둘째, 사람인 ㅣ는 어떤 이론적 틀로 고정할 수 없다는 것이다. 『해례본』은 이렇게 말한다.

> "사람은 무극(無極)의 참됨[眞]과 음양오행의 정기(精氣)가
> 신묘하게 엉겨 이루어진 존재이므로 일정한 방위와 숫자
> 로 논할 수 없기 때문이다."

사람은 무엇으로 규정할 수 없는 궁극적인 것[無極]을 마음속 깊은 자리에 품고 있어서 참되고, 선하며, 아름다운 가치를 뿜어낼 수 있는 신묘한 존재라고 해야겠다. "사람은 어떤 수치적 통계나 이론으로 정의될 수 없는 무규정적 존재"라는 것이 훈민정음의 인간 이해이다. 미리 규정되거나 한계 지어 있지 않아, 스스로 자기 모습과 가치를 규정해갈 수 있는 자유와 잠재력이 우리에게 있다.

사람의 생긴 모습으로 그의 운명을 예측하는 상학(相學)에서도 가장 중요한 것은 심상(心相)이라 한다. 마음은 고정되어 있지 않으니, 어떤 모습을 빚어갈지는 나 자신에게 달려 있다. 훈민정음 역시 자연과 사람의 삶이 어떤 법칙 아래에 있음을 말하면서도, 그것을 뛰어넘는 인간의 의미를 보여준다. 사람은 운명론적인 존재가 아니라 자신의 존재 의미를 끝없이 창출할 수 있는 열린 존재이다.

조용한 혁명

훈민정음 창제는 조용한 혁명이다. 첫째는 글 모르는 사람들이 누구라도 손쉽게 문자 생활의 혜택을 누릴 수 있게 되는 문자혁명이며, 둘째는 이 문자를 쓰는 모든 사람이 그 자신이 하늘과 땅을 잇는 가치창조의 주체이자 어떤 고정된 틀로 규정되지 않는 고귀한 존재임을 선언하는 인간 혁명이다. 훈민정음은 하나의 문자에 그치는 것이 아니라 인류가 지향해야 할 이상적인 인간에 대한 꿈이다.

모든 사람의 책상 위에 노트북과 태블릿이 놓이고, 모든 사람의 손에 스마트폰이 쥐어지기를 바랐던 사람의 꿈이 한갓 망상이 아니었듯, 모든 인류가 문자 생활의 혜택을 누릴 수 있고, 그 문자에 담긴 인간의 가능성을 자유롭게 빚어내길 바라는 꿈 역시 몽상은 아닐 것이다. 21세기에 생각하는 세종대왕의 뜻은 이런 것이 아니겠는가.

상상해보자. 문화로써 인류를 혁명하는 것, 이것이 한류의 현재와 미래가 된다면 어떨까? 세계인에게 주목받는 한류가 하늘과 땅을 잇는 주인공으로서 인간의 휴머니즘을 세계 곳곳에 전파하는 송신탑이 될 수 있다면 말이다. 이미 세계에 선한 영향력을 발산하기 시작한 한류가 그런 성찰과 희망의 교두보로 성장해 간다면 얼마나 좋을까? 가슴 설레는 일이다.

10

자연의 질서가
사람의 삶 속에 흐르도록

한 나라의 수도를 동전점으로 결정했다고?

우리의 수도 서울은 세계 여러 나라의 수도와 견주어 볼 때 참 독특한 매력을 지닌 도시이다. 장대한 한강이 흐르고, 곳곳에 푸른 산이 있다. 빌딩이 그득한 도시의 한 가운데에는 궁궐이 4개나 있고, 종묘(宗廟)가 있으며 또 문묘(文廟)가 있어서 600년 도읍지의 유서 깊은 역사를 오감으로 느낄 수 있다. 그 중심에 경복궁이 자리하고 그 앞으로 세종대왕상과 이순신 장군상이 우뚝하여 남쪽으로 숭례문에 이르기까지 한 줄로 늘어선 모습은 알게 모르게 오늘날 한국인의 정체성을 형성하는 랜드마크로 기능하는 것 같다.

이렇게 서울 예찬을 늘어놓는 속내는 수도 서울에 담긴 『주역』 이야기를 해보려는 까닭이다. 조선은 현대 한국과 가장 가까운 역

유네스코한국위원회, 종묘 정전, 공공누리 제1유형, 2015.

사 시기이기도 하지만, 수도 서울의 공간을 공유함으로써 역사적인 연속성과 연대감도 더 밀착된 것 같다. 날 좋은 휴일이면 놀러 가는 고궁에도 『주역』은 어김없이 숨어 있다. 서울과 관련한 『주역』이야기는 동전 점치기로 한양 천도를 결정했다는 소식의 전말을 확인하는 것으로 시작해 보자.

조선의 수도 한양이 척전(擲錢, 동전 점치기)으로 확정되었다는 이야기는 이제 꽤 알려져 있다. 조선 태종 4년(1404) 10월 6일의 일이다. 새벽부터 임금이 종묘(宗廟)밖에 행차하여 선포한다.

"내가 송도(松都, 개성)에 있을 때 홍수와 가뭄 등의 이변이 많았다. 새로운 도읍지로 천도해야 한다는 의견이 많았는

데, 신도(新都, 한양)에서도 변고가 많아 도읍을 확정하지 못해 민심이 안정되지 못하였다. 이제 종묘에 들어가 아뢰고 송도, 신도, 무악(毋岳, 신촌)을 놓고 길흉을 점쳐서 도읍을 정하겠다. 정한 뒤에는 재변이 있어도 바꿀 수 없다."

종묘에 고하고 척전법을 행한다. 결과는 송도와 모악이 2흉 1길, 한양이 2길 1흉으로 한양의 승리였다. 개국 후 13년 동안 한양으로 천도했다가 송도로 돌아갔다가, 사연도 많고 탈도 많았던 새 나라의 도읍지가 확정된 날의 기록이다. 당시 동전점을 쳐서 수도를 확정하는 방식에 대해 신료들 사이에 의견이 분분했으나, 태종은 고려 태조 역시 도읍을 정할 때 동전점을 쳐서 결정했다는 전례를 들어 여러 의논을 잠재워 버렸다.

애초에 유교적 합리주의를 채택하고, 중종 때는 도교식 제사를 관장하는 소격서(昭格署)마저 철폐한 조선에서, 동전점으로 국가의 중대사를 결정지었다니! 의외이고 흥미롭기도 하다. 생각해보면 당시 필요했던 것은 수도의 위치보다는 거국적 의견의 통일이었던 것 같다. 송도, 모악, 한양은 이미 최종 후보지로서 각각의 장단점이 있었다. 문제는 저마다의 이해관계가 달라 잡음이 끊이지 않았다는 것이다. 그러니 종묘의 신령에게 고하고 하늘의 뜻을 구하는 방식의 해결책이 최선이 아니었을까. 점의 본래 의미가 개인의 사사로운 이익을 위한 것이 아니라 하늘의 지혜를 구하는 기도와 같은 것이라는 관념이 살아있음을 엿볼 수 있다. 그리고 그러한 점(占)은 사계절의 변화와 같은 천지자연의 운행에 인간이 참여하여 그 질서와 하나가 된다는 세계관을 바탕에 두고 있다.

태종이 행한 척전은 음양법에 기초했지만, 일반적인 주역점의 방식과 일치하지 않는다. 주역점은 시초(蓍草) 가지를 세거나 동전을 던져 얻은 괘효(卦爻)의 텍스트를 해석하고 풀이하는 과정이 필요하다. 해석자에 따라 의견이 일치하지 않을 수도 있다. 『실록』에 따르면 태종이 행한 동전점은 당시 보편적으로 행해지던 것으로, 그 자리에서 길흉이 선명하게 판명 나는 방식이었다. 그날 행한 점의 결과에 결코 다른 해석의 여지가 남아서는 안 되었을 것이다.

『주역(周易)』은 왕도(王都) 한양과 밀접한 관계가 있다. 그것은 한양 천도 결정뿐 아니라 수도와 궁궐의 설계구조와 명칭 등에서 훨씬 뚜렷하다. 특히 조선의 법궁인 경복궁은 『주역』의 세계관과 가치관을 오롯이 담고 있다.

오행(五行)과 오상(五常)을 따르는 도성과 궁궐의 설계

전통적 가치관의 특징을 흔히 '천인합일'이라 표현한다. 자연의 리듬과 인간의 삶의 리듬이 하나여서 다르지 않다는 뜻이라 할 수 있다. 자연의 이치에 따르는 삶을 실제 생활에 구현하기 위해 법칙화한 것이 오행이며, 『주역』의 여러 가지 수리(數理)이다. 도성을 설계할 때 수도를 에워싸는 동서남북 사대문을 오행의 질서에 따라 지어두고, 오행에 상응하는 오상(五常), 즉 인의예지신(仁義禮智信)을 짝지어 흥인지문(興仁之門), 돈의문(敦義門), 숭례문(崇禮門)을 두고 후세에 홍지문(弘智門)을 세웠다. 그 가운데 보신각(普信閣)을 두었다. 사람의 윤리와 도덕 역시 자연이 생명을 낳고 살리는 변화의 리듬을 표준으로 한다고 할 수 있다.

조선을 대표하는 궁궐은 역시 법궁인 경복궁이다. 경복궁에

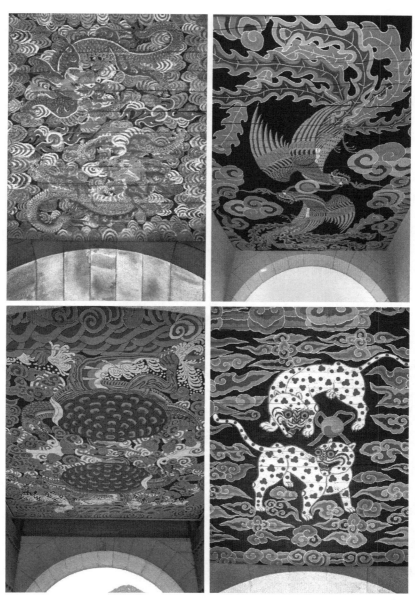

사진 상단 왼쪽부터 시계 방향으로 경복궁 영춘문 천장 벽화 청룡,
광화문 천장 벽화 주작, 영추문 천장 벽화 백호, 신무문 천장 벽화 현무.

있는 음양오행 사상이 반영된 친숙한 물건을 들자면 임금의 용상 뒤편에 둘러친 〈일월오봉도(日月五峯圖)〉가 아닐까 한다. 『훈민정음 해례본·제자해』 첫머리에 "하늘과 땅의 도리는 하나의 음양과 오행일 뿐"이라고 하였듯, 〈일월오봉도〉는 세계 전체를 그림으로 옮겨 놓은 상징물이라 하겠다. 이뿐만이 아니다. 여러 대문, 경회루, 왕비의 처소인 교태전 등이 모두 『주역』과 관련된 건축물들이다.

경복궁의 대문들은 우리가 잘 아는 광화문(光化門) 외에 주요한 문으로 건춘문(建春門), 영추문(迎秋門), 흥례문(興禮門), 신무문(神武門), 일화문(日華門), 월화문(月華門) 등이 있다. 일화문과 월화문이 양과 음을 상징한다는 것이야 누구나 알겠지만, 궁궐을 에워싸고 있는 4개의 문도 고구려 고분의 사신도(四神圖)와 같이 오행에 따라 수호신을 그려 궁궐을 엄호하게 했다. 동쪽 영춘문에는 청룡을, 남쪽의 광화문에는 주작을, 서쪽의 영추문에는 백호를, 북쪽의 신무문에는 현무를 천장 벽화로 그렸다. 네 방위의 사신(四神)은 망자를 지키는 수호신일 뿐 아니라 살아 있는 사람의 삶을 위호하는 신령이라는 인식이 조선말까지 이어졌음을 알 수 있다.

경회루, 하늘의 질서를 지상의 건물에 담다

연못 안에 있는 경회루(慶會樓)는 『주역』의 수리(數理)를 그대로 옮겨 놓았다고 해도 과언이 아니다. 하늘과 땅의 질서를 동그라미와 네모의 모양으로 상징화해서 그것을 기둥의 주춧돌을 놓고, 24절기의 숫자에 맞춰 기둥을 배치했다. 『주역』 괘의 숫자에 맞추어 건물의 칸수와 문짝의 수를 정하였다.

그 밖에도 천지인 삼재, 태극음양론을 담고 있는 〈하도(河圖)〉

『주역』의 원리로 칸수를 정한 경복궁 경회루.

의 원리 등이 망라되어 있다. 정학순이 지은 「경회루전도(慶會樓全圖)」는 고종 때 경회루를 중건할 당시의 기록이다. 터를 세밀히 살펴서 국초 태종대에 건립하였던 본래 모습을 고증하고, 그 구조가 『주역』의 원리에 입각한 것임을 밝혀놓은 문헌이다. 건물을 지을 때 심미성과 실용성뿐 아니라 일종의 수리 철학적 진리성을 구현하고자 하였다는 사실이 놀랍다.

경회루의 36칸은 중의적 의미를 담고 있다. 본래 『주역』의 괘는 64괘이지만 뼈대가 되는 괘들만 다시 추려내면 36개가 된다. 36은 물[水]을 상징하는 숫자 6을 곱한 수(6×6=36)이기도 하다. 경복궁이 바라보고 있는 관악산은 풍수적으로 불기운이 강한 산이어서 애초에 화마가 이를 것을 우려했다. 이를 비보(裨補)하는 방책

들이 많이 강구되었는데, 경회루의 경우도 예외가 아니었다.

반면 실제 경회루의 칸수는 35칸이지 36칸이 아니다. 그런데 왜 36칸이라고 하는가? 『주역』에서 시초점을 칠 때 산가지 50개를 필요로 하지만 그 가운데 1개는 빼놓고 49개만 쓰는 것과 같은 이치이다. 그 1개는 태극을 상징한다. 태극은 리(理)로서 스스로 작용하지 않지만 전체 작용을 주재한다. 경회루는 그 보이지 않는 1칸의 태극을 합하여 36칸을 삼음으로써 음양 기(氣)의 작용 속에 태극의 리(理)가 내재함을 상징한다. 경회루에 반영된 숫자들은 자연의 질서를 지상의 건물에 구현하는 매개이다. 자연의 리듬에 따라 살아감으로써 우주자연과 하나되는 삶을 추구하였던 생각과 정서가 반영된 결과이다.

교태전, 땅과 하늘의 사귐으로 만물을 살린다

경복궁 전체 공간의 뒤쪽에 자리 잡은 왕비의 처소가 교태전(交泰殿)이다. 임금의 침전인 강녕전(康寧殿) 뒤편의 양의문(兩儀門)을 통해 들어간다. 양의(兩儀)는 음과 양을 가리키니, 왕과 왕비의 화합을 상징하는 것이다. 교태전은 많이 크지 않은 아담한 공간이고 화려하지도 않은 정갈한 모습이 인상적이다. "군부인의 옷소매가 잉첩의 것보다 화려하지 않다"는 『주역』의 말에 빗대자면, 화려한 치장을 압도하는 고결한 기품이 가득하다.

태(泰)

"태(泰)는 작은 것이 가고 큰 것이 와서 길하고 형통하니", 천지가 사귀어 만물이 형통하고, 위아래가 사귀어 그 뜻이 같아진다.

천지가 사귐이 태(泰)이니, 임금이 이를 본받아 천지의 도리를 잘 살피고 적용하여 백성을 돕는다.

태괘에서 뜻을 가져와 땅(왕비)과 하늘(임금)의 사귐으로 국운 창성을 기원한 경복궁 교태전.

교태전(交泰殿)은 음과 양이 사귀어 크게 태평하다는 뜻을 지닌다.
전각의 이름은 『주역』의 태괘(泰卦, ䷊)에서 가져왔다. 태괘는 하늘
과 땅이 교섭하여 만물이 태어나고 자라나는 '길하고 형통한' 괘이
다. 하늘과 땅은 만물을 낳고 살리는 중심축이니, 천지의 사귐은 그
의미가 크고도 깊다. 태(泰)라는 글자 자체가 크고, 편안하고, 통한
다는 뜻이 아닌가.

　태괘에서는 임금은 천지가 교섭하는 도리를 잘 살펴 그것으
로 백성을 도와야 한다고 하였다. 『중용』에 "군자의 도는 부부 사이
로부터 시작한다"고 하였다. 군자의 대표자 임금이 취해야 할 부부
사이의 모범은 땅과 하늘의 사귐이다. '교태전'에는 왕과 왕비의 사
귐으로 '흉한 것은 지나가고 길한 것이 도래'하여, 국운이 창성하기
를 기원하는 뜻이 담겨 있다.

교태전에 담긴 의미를 쓰고 있자니 한편으로 서글픈 단상이 몰려온다. 조선의 끝자락, 왕비는 곤녕합(坤寧閤)에서 시해되었다. 일제(日帝)의 조선 병탄으로 궁궐은 산산이 부서지고 말았다. 전각은 무참히 파괴되거나 이리저리 팔려나가 이토 히로부미를 기리는 신사의 창고로, 각종 전시장으로, 고급 요정으로 사용되었다. 불과 30년 전까지도 현재 홍례문 자리에 일제가 공들여 지었다는 총독부 건물이 버티고 있었다. 광복 후 그 이름과 용도는 중앙청으로, 국립중앙박물관으로 바뀌어 왔지만, 그것이 사라진 것은 90년대 문민정부가 들어선 이후의 일이다.

이제는 가볍고 즐거운 마음으로 둘러보는 경복궁에 담긴 비감한 역사를 생각하며, 새삼 나라의 소중함을 되새겨 본다. 역사의 교훈을 잊지 말자 다짐한다. 현재 경복궁은 2045년 완공 예정으로 2차 복원사업이 진행 중이다. 공정이 순조롭게 진행되어 본래의 모습을 찾을 날을 기다린다. 더불어 "작은 것은 가고 큰 것이 도래하는" 태괘(泰卦)의 국운이 날로 상승하기를 기원한다.

성인은 『역』을 지어 성명(性命)의 이치에 따르고자 했다.
그래서 하늘의 도를 세워 음과 양, 땅의 도를 세워 부드러움[柔]과 단단함[剛],
사람의 도를 세워 어짊[仁]과 의로움[義]이라고 하였다.
- 「설괘전」 2장

利

지금,
나를 위한 『주역』

1

주역점은 운명이 아닌
나를 찾아가는 길

『주역』에게 무엇을 물어야 할까?

여러 해 전 부모님과 동행하여 홍콩 여행을 다녀온 일이 있다. 연세가 지긋한 어른을 모시고 가는 해외 나들이라 약간 염려되는 마음도 들어서, 주역점을 쳐 보았다. 우연하게도 여행을 뜻하는 려괘(旅卦, ䷷)를 얻었고, 비교적 안정적인 두 번째 자리의 효(爻)를 얻었다. 그 점의 내용은 이러하다. "나그네가 여관에 들어가는데 노잣돈을 간직하고, 마음이 곧은 하인 아이를 얻는다. 그러니 끝내 잘못됨이 없을 것이다."

이 점사(占辭)에서 하인 아이는 필자 자신을 가리킨다고 생각했다. "나만 잘하면 된다는 뜻이로구나." 이렇게 해석하고, 무사히 잘 다녀왔다. 사실 려괘는 그리 편안한 괘가 못 된다. '려'는 '나그네'라는 뜻으로, 집에 기거하지 못하고 떠돌아다니는 형상이다. 두 번째 자리인 이효(二爻)의 점사가 그런대로 무난할 뿐 나머지 효의 점사들은 평탄치 못하거나 상당히 험하다. 그 와중에 용케도 '그럭저럭 괜찮은 여행이 되겠다'는 점괘를 얻었으니 신통한 일이었다.

육이(六二)는 나그네가 여관에 들어가 노자를 간직하고 마음 곧은 하인 아이를 얻는다.
「상전(象傳)」: "마음 곧은 하인 아이를 얻음"은 끝내 잘못됨이 없는 것이다.

려괘(旅卦)

어떤 일이 생겼을 때 또는 공부 삼아 때때로 주역점을 쳐보는데, 대체로 유의미한 결과를 얻는다. 그리고 현재 내가 처한 상황을 한 걸음 떨어져서 다시 생각해 보거나, 미처 생각지 못한 다른 관점에서 접근하는 계기를 얻기도 한다. 솔직히 고백하자면, 나 자신도 희한하다는 생각이 든다. 시초(蓍草, 점을 치는 50개의 가느다란 막대기)를 헤아리거나, 동전을 던지는 행위가 무엇인데 이런 결과를 낳는가?

점을 치는 일은 매우 조심스럽고 무턱대고 권장하기가 어렵다. 때로는 물음과 전혀 어울리지 않을 듯한 답을 얻기도 하고, 바람직하지 않은 질문으로 계속 점을 치면서 알쏭달쏭한 점사를 아전인수(我田引水)로 해석해 버리기도 쉽다. 어제 산 주식이 오를 것인지, 이 부동산을 매입하면 대박이 날 것인지와 같은 물음은 그리 바람직하다고 보기 어렵다. 물을 수 있는 질문이야 매우 다양하고 『주역』은 너그럽게 답을 하겠지만, 단순히 일의 성패를 묻기보다는 지금 맞닥뜨린 일을 어떻게 대처하면 좋을지 조언을 구하는 질문이 좋다는 생각이다.

시초. 점을 치는 도구인 50개의 막대. 본래 시초라는 풀의 대로 만들었다.

주역점의 이론 바탕

정신분석학자 칼 융(Carl Gustav Jung, 1875~1961)은 그의 연구에 주역점을 깊이 적용하였다. 그는 주역점이 주지(主知)적이기보다는 명상적 지혜를 구하려는 사람들에게는 좋은 도구가 될 수 있다고 하였다. 동시에 미숙하고 유치한 사용으로 오용될 여지가 많다는 점에 대해서도 우려를 표했다. 그리고 그는 주역점의 원리를 학문적으로 설명하고자 노력한 결과, 동시성(synchronocity) 원리라는 이론을 제창했다. 오랫동안 만나지 못한 누군가를 생각하는데 그에게서 전화가 온다든지, 어젯밤 꿈에 보인 이의 부고를 오늘 받는 경우 등이 그러한 사례로 거론된다. 서로 연관성이 없어 보이는 사건들이 시간적 공간적으로 연결되어 있다는 것이다.

전통적 용어로는 이러한 연관성을 '감응(感應)'이라고 한다. '어떤 자극이 일어나면 그것을 느껴서 호응한다'는 뜻이다. 점치는 자와 '주역'의 원리 사이의 감응이다. 감응이 시각적인 괘로 드러난다. 이러한 감응이 가능한 바탕에는 사사로움이 없는 '무심함[無思無爲]', '진실함[誠]'이 전제되어 있다. 점이란 우주 자연의 원리와 감응하는 것이다. 자연은 참되고 성실하게 생명을 살리는 일을 하고 있으니, 점치는 이가 진실함으로 조언을 구한다면 『주역』은 시초를 헤아리고 동전을 던지는 행위를 매개로 그 답을 현시한다. 그러니 제대로 점을 치기 위해서는 내 마음의 본래 바탕[本性]으로 돌아가도록 욕심을 내려놓아야 한다. 점치기는 우리 의식의 심층에서 본래 자아와 조우하는 명상의 한 방법으로 이해되어야 한다. 명상적 앎은 주지적 앎과 배치되는 게 아니라 서로 보완되며, 삶에서 실천으로 완성되는 것을 '주역 명상'이라 부르고 싶다. 점괘를 얻는 과정은 신비하지만, 점사를 해석하는 데에는 반성적 성찰과 사색이 필요하며, 그 결론이 삶의 모습으로 열매를 맺어야 하기 때문이다.

주역점을 어떻게 활용하면 좋을까?

『주역』의 점치기는 태어난 연월일시로 사주팔자를 보는 것과는 전혀 다른 방식이다. 주역점은 어떤 구체적인 사안에 대해 질문을 함으로써 『주역』에게 그 지혜를 구한다. 주역점의 특별함은 일의 성패를 통보하는 데 그치지 않고, 점친 이가 그 상황에서 어떻게 대처할까를 모색하는 데 도움을 준다는 데 있다. 하나의 사례로 점을 쳐서 건괘(乾卦, ䷀)의 첫 번째 효를 얻었다고 하자. 점사는 "물에 잠긴 용이니 쓰지 말라[潛龍勿用]"는 간단한 통보이다.

건괘(乾卦)

초구(初九)는 물에 잠긴 용이니 쓰지 말라.

'대권 잠룡'이라 하듯이, '잠룡'은 유능한 인물이 아직 때를 만나지 못한 상황이다. 시간이 흘러 남들이 알아주는 때를 만날 수도 있지만, 여러 가지 이유로 끝내 때를 만나지 못하는 인생도 적지 않다. 평생 '잠룡'의 상황만 계속된다면 어떻게 해야 할까? 이에 대해 『주역』은 긴긴 조언을 덧붙인다.

> '물에 잠긴 용이니 쓰지 말라'한 것은 무슨 말인가? '잠룡'은 용의 덕을 지니고서 숨어 사는 사람이다. 시류에 따라 자신의 신념을 바꾸지 않으며, 자신의 명성을 이루고자 하지 않는다. 세상을 피해 살아도 번민하지 않으며, 남들이 알아주지 않아도 그 때문에 고민하지 않는다. 뜻을 펴볼 만한 세상(기회)을 만나면 나아가 행하고, 그런 기회를 못 만나면, 세상과 어그러진 채로 지낸다. 이러한 뜻이 확고하여 뽑을 수 없는 것이 잠룡이다.
> ─ 『주역』, 「문언전」, 건괘

『주역』은 남들이 알아주는 것과 인생의 가치는 비례하는 것이 아니라고 한다. 그보다는 자신이 지키고자 하는 삶의 가치를 잘 붙들어 지키는 일이 더욱 소중하다고 한다. 이와 연계하여 『논어』의 첫머리 "남들이 알아주지 않아도 성내지 않으면 또한 군자가 아닌가"라는 문장을 생각한다. 이는 공자 자신의 이야기였으리라. 나이 70에 이르도록 천하를 돌아다니며 노력했건만 세상이 그를 받아들이지 않았다. 이름은 알려져 있었지만 제 뜻을 펼칠 수는 없었다. 그래도 권력의 대변인이 되는 타협은 하지 않았다. 외아들도 먼저 세상을 떠났고, 아끼던 수제자 안회도 먼저 떠나보내야 했다. 안회가 세상을 떠났을 때, 공자는 "하늘이 나를 버렸다"고 통곡하지 않았던가. 『주역』과 『논어』의 문장은 이러한 과정을 다 겪은 이의 평범한 듯 비범한 이야기일 것이다.

　　충무공 이순신 장군을 생각한다. 혼신의 힘을 다해 나라를 구했건만 돌아오는 것은 체포와 고문, 백의종군의 명령이었다. 그는 무슨 마음으로 다시 목숨을 바쳐 나라를 구했을까? "운명을 탓하지 않고, 세상을 원망하지 않고, 내가 할 수 있는 일을 다 함으로써 진리의 세계에 도달한다(『논어』)"는 진리관의 구현을 그에게서 본다.

　　살아가면서 누가 알아주어서가 아니라, 스스로의 결단으로 이것만큼은 지키겠다고 마음먹는 일이 있는가? 공자나 충무공과 같이 엄청나게 훌륭하지는 않더라도, 스스로 결단하는 무엇이 '한 가지'라도 있다면, 그것이 내 삶의 등대가 되고, 내 삶을 의미 있는 것으로 만들지 않을까? 『주역』이 단순한 점서가 아니라 '마음을 씻는 경전' 세심경(洗心經)으로 불리는 이유는 어떤 상황에서도 삶을 긍정하고 가꾸어갈 수 있는 길을 열어주기 때문일 것이다.

에피소드 하나

　몇 해 전 비교적 젊은 나이에 연구소의 소장을 맡게 된 지인의 이야기이다. 자신보다 나이가 많은 직원들도 있는데, 어떻게 이끌고 가야 할지 고민이 많았다. 엄격하게 관리해서 함부로 행동하지 못하게 해야 할까, 타협적인 태도로 나가야 할까? 필자는 주역점을 제안했다. 중부괘(中孚卦, ䷼)를 얻었다.

중부(中孚)

그대의 미더움이 돼지나 물고기(같이 둔한 생물들)에까지
미친다면 길하리라.

큰 시내를 건너도 좋다. 바르게 하라.
믿음을 지니고 바르게 나아가면 하늘이 호응하리라.

중부(中孚)라는 글자는 가운데, 즉 마음속이 미덥다는 뜻을 지닌다. 부(孚)는 어미 새가 알이 잘 부화하도록 노심초사 품어 보호하는 모습으로, 어미가 새끼를 지키는 '미더움'을 말한다. 필자는 좋은 괘를 얻었다고 생각했다.

　우리는 보통 힘의 논리로 세상을 판단한다. 엄격하게 대해서 두렵게 만드는 것과 적당히 타협하는 것은 모두 힘의 논리의 연장선이다. 『주역』은 전혀 다른 이야기를 한다. 진심을 다하라는 것이다. 불안해하지 말고, 믿음을 지니고 정성껏 일하라고 조언한다. "당신의 미더움이 돼지나 물고기에까지 이를 정도로 정성스러워야 한다"는 조건은 있다. 이렇게 하는 게 결코 쉬운 일은 아니다. 너무 순진하고 심지어 어리석게 느껴질 수도 있다. 만만해 보이면 시달림을 받는 것이 세상살이 아니던가. 그러나 『주역』은 이러한 삶의 방식을 권면하며, "믿음을 지니고 나아가면 하늘도 호응할 것"이라고 격려한다.

『주역』이 만들어진 이유

『주역』「설괘전」에는 이 책과 점(占)이 만들어진 목적의 하나가 사람들에게 "자신의 본성과 천명을 따라 사는 법[順性命之理]"을 알려주기 위해서라고 기록되어 있다. 또 "성인이 세상 사람들의

삶에 대해 근심 걱정이 있어서"라고 했다. 『주역』「계사전」의 표현대로는 "백성들의 길흉을 한마음으로 근심했기[吉凶, 與民同患]" 때문이다.

　『주역』의 사유에서 개체와 세계 전체는 하나로 연결되어 있으며, 외부 세계의 이치와 나의 본성에는 모두 천리(天理)가 관통하고 있다. 서로가 별개의 존재가 아니니 타자 속에서 나 자신의 모습을 발견하게 된다. 나는 고립된 존재가 아니라 뭇 생명들의 우주적 연대 속에 존재한다는 것이 역(易)의 인식이다. 명상으로서 주역점의 궁극적 목적은 나 자신의 심신의 평안을 얻는 데 그치는 것이 아니다. 타인의 아픔을 함께 공감하는(Compassion) 연대 의식으로 확장되어 서로가 서로를 아끼고 사랑하는 데 있다. 『주역』은 이 세상에서 사람이 취해야 할 삶의 모습을 이렇게 말한다.

> "천명을 알아 흔연히 따르기에 근심하지 않는다. 내 삶의 상황을 편안히 받아들여 인(仁)을 돈독하게 행하니, 그래서 참으로 잘 사랑할 수 있다."
> – 『주역』, 「계사전」

2

곤괘(坤卦):
땅은 낮음으로써 거룩하다

받아들임[坤]

무엇이 속되고, 무엇이 성스러운가

예전에 들은 수도자의 이야기가 있다. 두 수도자가 길을 가다가 개울을 만났다. 마침 큰 비가 내린 뒤라 물은 잔뜩 불어나 있었고 물살도 제법 셌다. 개울가에는 여인 하나가 그 물을 건너지 못해 발만 동동 구르고 있었다. 한 수도자는 여인을 외면하고 경건히 마음을 추스르며 개울을 건넜다. 다른 수도자는 여인이 딱해 보여 등에 업고 개울을 건넜다. 먼저 건너간 수도자는 여인을 등에 업은 도반이 못내 못마땅했다.

한 10여 리를 갔을까, 더 이상 참을 수 없었던 그는 한마디를 꺼냈다. "이보게, 아무리 그 여인이 딱하기로서니 수도자의 몸으로 여자를 업다니, 그게 될 일인가!" 도반은 깜짝 놀라며 말했다. "아니 여보게, 나는 그 여인을 개울가에 내려놓고 왔는데, 자네는 어찌 여기까지 업고 왔는가?"

속(俗)은 무엇이고, 성(聖)은 무엇인가. 성스러움과 속됨은 상반된 가치이지만, 성과 속의 경계는 단칼에 잘리지 않는 것 같다. 앞의 사람은 수도자로서 자기 자신을 고결하게 지키고자 했지만, 여인을 멀리해야 한다는 집착된 마음에서 벗어나지 못한 듯 보인다. 뒤의 사람은 속된 처신을 한 것 같지만, 인연 따라 곤경에 처한 이를 도왔을 뿐이다. 오히려 그 마음은 청정하여 고결한 듯 보인다. 무엇이 옳은지 그른지는 단언하기 어려우나, 성과 속의 구별은 그리 단순하지 않다.

사실 성스러움이나 거룩함이 세속과 단절된 어느 청정한 공간에 따로 있지 않다는 것이 공자의 가르침이다. 진정한 진리의 세계는 일상에 있는 것이기에, 삶의 자리에서 스스로 편안하며 만나는 인연들을 아름답게 가꾸는 행위 속에 성스러움의 가치가 있다고 공자는 말한다. 통상 성스럽고 거룩한 것을 하늘에 비유하고, 잡다한 세속의 세계를 땅에 비유하지만, 하늘과 땅의 관계는 그렇게 단순하지 않다. 속세에서의 성스러움이 무엇인지를 알려주는 것이 『주역』곤괘(坤卦)의 이야기이다.

땅은 두터운 덕으로 만물을 싣는다

흔히 현격한 차이를 '하늘과 땅 차이'라고 한다. 『주역』「계사전」에는 이런 말이 있다. "하늘은 높고 땅은 낮으니, 건(乾)과 곤(坤)이 정해진다. 높고 낮음이 펼쳐지니 귀한 것과 천한 것이 자리를 잡는다." 글자대로 보자면 건은 하늘로서 높고 존귀하며, 곤은 땅으로

서 낮고 비천하다는 뜻으로 읽힌다. 곤괘에 대해 "신하의 도리이
고, 아내의 도리이다"라는 말도 덧붙여 있으니, 경(經)이라는 문헌
도 그 시대를 벗어날 수는 없는 것이라는 생각에 마음이 불편해진
다. 그런데 『주역』에 이런 말만 있는 것은 아니다. 『주역』은 건괘뿐
아니라 곤괘에서도 군자(君子)가 배워야 할 덕성이 무엇인지 말한
다. 건괘가 '위대'하다면 곤괘는 '지극'하다. 하늘은 생명을 창생하
는 시원이기에 위대하고, 땅은 각각의 생명이 구체화되고 다양한
형태를 갖추도록 길러내기에 지극하다. "땅은 두터워 만물을 실어
내니 그 덕이 끝없이 펼쳐진다. 아름다움을 머금어 크게 빛이 나니,
개개 사물이 모두 형통하다." 『주역』은 이러한 곤괘에서 군자가 배
워야 할 가르침은 "두터운 덕으로 만물을 싣는 것"이라고 한다. "두
터운 덕"이란 어떤 것일까?

곤괘의 이미지는 ☷ 모양[象]으로 표현된다. 이 모양에서 어떤
것들이 연상되는가? 『주역』에 실린 사례는 "많은 무리, 가마솥, 큰
수레, 보자기, 배[腹], 소, 어미 소, 농사지음" 등이다. 땅에서 이러한
의미를 읽어내고, 압축하여 ☷ 모양으로 표현한 것이다. 다양하고
무수한 생명들을 포용해서 먹이고 길러내는 땅의 이미지를 모성,
묵묵히 수고하며 농사를 돕는 소 등으로 표현하였다. 곤괘의 영어
번역 "The Receptive(수용성)"에는 이러한 의미가 담겨 있다.

얼마 전 유튜브 인터뷰에서 들은 어느 시골교회 목사의 말씀
가운데 우리가 잃어버린 말 중의 하나가 '두텁다'란다. 그분은 '두
터움'의 의미를 땅의 덕성으로 설명했다. 땅은 우리의 발아래 낮게
있다. 그러면서 묵묵히 모든 것을 받아들인다. 똥이든 오줌이든 가
래침이든 아무리 더러운 것을 버려도 땅은 말없이 품는다. 그것들

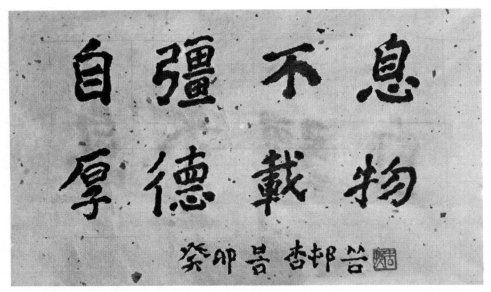

「대상전」, 건괘(乾卦) 곤괘(坤卦): 자강불식(自彊不息), 후덕재물(厚德載物). ⓒ한국사상연구원

을 다 삭혀 모든 생명이 잘 자라날 수 있도록 비옥한 터전이 되어준다. 인터뷰 가운데『주역』이란 말은 나오지 않았지만, 그 내용은 정확하게『주역』곤괘의 이야기와 일치한다.

『주역』은 군자가 하늘의 운행에서 "자강불식(自强不息, 스스로 힘써서 쉬지 않음)"을 배워야 하며, 지극한 땅의 덕성에서 "후덕재물(厚德載物, 두터운 덕으로 만물을 실음)"을 배울 일이라고 권면한다. 그러니 땅이 낮고 비천하다는 것은 얼른 듣기에 못내 마땅치 않지만 깊은 통찰이 들어 있음을 깨닫게 된다.

곤괘와 몸 그리고 아름다움

『주역』의 64괘에서 건괘와 곤괘가 제일 처음에 나오는 것은 하늘과 땅이 만물을 낳고 기르는 중심축이기 때문이다.『주역』에서는 하늘의 본질[命]이 땅으로 이어져 각 사물의 본성(性)을 바르게 한다고 말한다. 하늘의 뜻, 하늘이 내려준 본성을 고스란히 지켜 따르는 것이 『주역』이 말하는 땅의 덕성, 순(順)이다. 예전에 여자아이의 이름에 흔하게 쓰이던 '순이', '순덕이'가 바로 이것이다. '순종'은 역사 속에서 마치 여성만의 덕성인 것처럼 굳어져서 말로 다 못할 우여곡절을 빚어냈지만, 그러한 이데올로기를 걷어내고 보면, 순(順)이야말로 천인합일의 관건이다. 하늘이 내려준 본성, 천성(天性)을 따라 사는 일에 남녀 구별이 있을 턱이 없다.

『논어』에 "술이부작(述而不作)"이라는 말이 있다. "옛것을 이어받아 전할 뿐 내가 지어내지 않는다"는 뜻이다. '술이부작'을 문화사적 측면에서 보면, 문명이란 단절적 창신이 아니라 유장한 역사를 품고 나아가는 것이라 해석할 수 있다. 이를 수양론적인 측면에서 다시 보면 "하늘이 준 본성을 그대로 받아서 펼쳐낼 뿐, 나의 사사로운 견해를 덧붙이지 않는다"는 이야기가 될 것이다. '술이부작'은 각자의 삶 속에서 천성을 잘 보듬어 아름답게 피워내는 일이다. 『주역』에서는 "속에 아름다움을 품어 때에 맞게 피워내는 것"이 곤괘의 일이라고 한다.

생명의 시원이 하늘이라면, 구체적 형체를 갖는 땅은 몸이기도 하다. 몸을 뜻하는 신(身)은 그저 살덩어리가 아닌 그 속에 마음을 담고 있는 통합된 의미에서의 몸이다. 몸이 없다면, 몸짓이 없다면 우리는 마음을 볼 수 없으며, 그 깊은 곳에 담긴 하늘의 모습(천성)도 볼 수가 없다. 표정과 눈빛, 말소리, 행동들을 통해 우리는 상대의 내면을 만난다. 그러니 나의 몸가짐을 아름답게 가꾸는 일은 참으로 중요하다. 그 방법이 바로 예(禮)를 지키는 것이다. 예(禮)를 차리는 일은 아름다움과 하나이다. 『주역』에서 "예(禮)란 아름다움이 모인 것이다(건괘)"라고 하였듯이, 예(禮)를 다하기 위해 정성껏 차림으로써 상대방을 향한 나의 진심과 성의를 드러낸다. 몸짓을 가꾸어 내면의 아름다움이 더욱 빛나게 하는 것, 그것은 몸을 가진 땅의 일이다.

봉제사 접빈객—몸으로 구현한 거룩함의 역사

"제사를 잘 받들고 손님을 잘 대접하라." 봉제사(奉祭祀)와 접빈객(接賓客). 조선의 여성들이 출가하기 전에 반드시 배워야 했던 여성의 도리이다. 그래서일까? 17세기 이 땅에 표류했던 네덜란드인 하멜은 그의 『표류기』에서, 조선의 대표적 풍속의 하나로 "여관이 없는데 여행을 할 수 있다"는 것을 들었다. 여행자가 쌀을 들고 다니다 동네의 아무 집에나 들어가 그 쌀을 내놓으면, 집주인은 그 쌀로 밥을 지어 다른 반찬과 함께 내온다는 것이다. '접빈객(接賓客, 손님을 잘 대접함)'이 생활풍속이 된 현장이다.

　『논어』에 "효(孝)와 제(悌)는 인(仁)을 행하는 근본이다"라고 했다. 효(孝)는 부모와 조상에 관한 것으로, 제사는 조상과 후손을 이어주는 효의 의례이다. 제(悌)는 형제와 이웃을 공경하는 일이니, 나그네를 잘 대접하는 일 역시 제(悌)의 문화이다. 효가 상하로 펼쳐지는 사랑의 형태라면, 제는 수평적으로 나아가는 사랑의 모습이다. 이렇게 효와 제는 보편적 사랑인 인(仁)을 실현하는 두 날개가 된다. 공자는 위정자의 도리에 대해 "대문 밖을 나가면 큰 손님 맞이하듯 하고, 백성을 부릴 때는 큰 제사 모시듯 하라"고 가르쳤다. 위정자가 밖에 나가 일반 백성을 대할 때 큰 손님을 맞이하듯,

큰 제사를 모시듯 하라는 것이 유교의 본래 정신이다.

조선은 법(法)에 앞서서 효제(孝悌)로 지탱이 되어 온 나라였다. 법으로 질서를 유지하기보다 인륜과 도덕, 예의와 염치로 공동체를 꾸리고자 하던 것이 조선의 지향이었다. 그 효제 문화의 중심축인 "봉제사 접빈객"을 몸으로 구현해 낸 것이 조선시대 여성들의 삶이자 역할이었다. 조선이 지향하는 이상(理想)을 실현하는 데 낮은 자리에서 묵묵히 기여한 여성들의 공로는 지극하지 않은가? 조선의 효제 문화에서 주목받지 못했던 여성의 역할에 더 적극적인 조명이 필요하다고 생각한다.

'음덕(陰德)'이라는 말이 있다. 남모르게 베푸는 덕행을 이르는 말로 최고의 덕행을 가리킨다. "왕을 대신하여 일에 종사하지만, 공은 차지하지 않고 일을 마치기만 한다"는 것이 『주역』이 말하는 땅의 덕성이다. 그러나 "그 아름다움은 결국 온몸에 환히 드러나기 마련이니, 아름다움이 지극하다"라고 『주역』은 찬탄한다. 여기에서의 '왕'을 '하늘'로 바꾸어 읽으면, 곤괘의 일은 하늘의 일에 종사하는 사람의 일이 된다. 하늘의 일에 종사하는 사람은 그 일을 자신의 공로로 차지하려 하지 않지만, 아름다움은 그의 몸짓을 통해 멀리까지 향기를 전한다.

인문과 종교는 별개의 것일까?

인문과 종교는 어떤 관계일까? 인문 정신은 사람을 세계의 중심에 두며, 종교는 인간의 힘과 지혜를 넘어서는 초월의 세계를 지향하기에, 통상 이 둘은 상반된 것으로 생각된다. 종교의 세계를 성(聖), 거룩함이라 하고, 인간의 세계를 속(俗)이라 한다면, 속(俗)의 세계

속에서 성(聖)을 구현할 수는 없는 것인가?

　　이른바 "세속을 떠나지 않으면서 세속을 벗어난다"라고 하는 진리관의 구체적 모습을 『주역』의 곤괘에서 볼 수 있다. 『논어』에 "하학상달(下學上達)"이라는 말이 있다. "아래에서 공부하여 위에 도달한다"는 뜻이다. '아래'는 나에게서 가장 가까운 것, 즉 내가 처한 현실을 말하며 '위'는 거룩한 초월의 세계라 할 수 있겠다. 지금 내가 있는 이 자리가 바로 진리 실현의 터전이니, 때로 초라하고 보잘것없으며 혼란하기 짝이 없는 이 삶의 자리가 빛의 세계로 나아가는 통로가 된다.

　　『주역』의 곤괘는 그러한 인문 정신과 종교성을 고스란히 담아낸다. 두텁게 만물을 싣고 있는 곤괘는 진정한 '하학상달'의 진리성을 대표하며, 역사적으로 여성들의 삶을 통해 몸으로 구현된 곤괘의 이상은 실은 남녀를 초월한 수행적 삶의 표준으로 확장될 수 있다. 물론 그 사이사이 스며있는 이념의 역사적 경직성은 걷어내야 하며, 다시 성찰해야 할 일이다.

3

겸괘(謙卦) 1 : 단단함을 품은 부드러움

겸손[謙]

땅속에 산이 있는 것이 겸(謙)이다.
군자가 이를 본받아 많은 데에서 덜어 적은 데에 더해줌에,
만물의 실정을 살펴 균평하게 베푼다.
– 『주역』, 겸괘

산을 덜어 골짜기를 돋우는 뜻

새해 한 지인의 카카오톡 대문에는 "골짜기가 돋워지고 높은 산과 언덕들이 낮아지는 그런 한 해!!"라는 글이 올라 있었다. 그 말이 인상적이라 아는 척을 했더니, "대통령도 아니면서 그런 화두를 갖는다니, 우습지요?"라는 답이 돌아왔다. 왠지 모르게 마음 한구석에 이 말이 남아 있었다.

그러던 어느 날 한참 밀리는 출근길에 지하철이 고장이 났다. 할 수 없이 빽빽한 버스에 올라탔다. 다행히 문간보다 조금 안쪽에 자리를 잡을 수 있었다. 늘 그렇듯 입구에는 버스에 오르려는 사람

때로는 스스로 우뚝한 산이 되지만 나의 산 그림자가 골짜기에 그늘을 드리운다는 것을 미처 알아채지 못하기도 한다.

들이 밀치며 발을 붙이려 하고 있었고, 안쪽은 그래도 공간이 있었다. 누군가 "문간에선 못 타서 난리인데, 안으로들 들어가요!" 소리를 질렀다. 그러나 3m 남짓한 그 작은 공간은 참 보수적이었다. 10cm 정도 움직였을까? 누구도 스타일 구기면서 안으로 밀고 들어가려 하지 않았다. 안쪽 사람이 먼저 움직여주지도 않았다.

'이게 사람의 모습이구나.' 버스 안이 인생의 축소판같이 느껴지기도 했다. 만원 버스를 타고 출근하는 사람들, 애쓰고 노력하여 자기 자리를 만들어 간다. 붐비는 버스 속에서 그나마 서 있을 자리를 얻었는데, 다시 발걸음을 옮기기는 쉽지 않았다. 1.5m 뒤에서야 지지든 볶든 말이다. 사람들로 꽉 찬 버스를 타고 일하러 가는 나는 산 위에 있는 자가 아니라 골짜기에 있는 자이겠지만, 내가 언덕 위

주역周易의 눈

에 서고 산 위에 섰을 때 나는 기꺼이 내 산을 헐어 골짜기를 메우려 할까? 지인의 화두는 대통령이어야 가질 수 있는 것이 아니라, 바로 나의 이야기라는 생각이 들었다. 나는 골짜기이기도 하고 산 위이기도 하다. 때로는 스스로 우뚝한 산이 되지만 내 산 그림자가 골짜기에 그늘을 드리운다는 것을 미처 알아채지 못하기도 한다.

지인의 카카오톡 문장은 기독교 바이블의 한 구절(이사야40:4)이지만, 『주역』 겸괘의 이야기이기도 하다. 위는 '땅(☷)', 아래는 '산(☶)'의 모습을 지닌 것이 겸괘(謙卦, ䷠)이다. 위를 '밖', 아래를 '안'이라 부르기도 하니, 겸괘는 바깥쪽[外]이 땅이고 안쪽[內]은 산이다. "땅속에 산이 있다. 군자가 이를 본받아 많은 데에서 덜어 적은 데 보태줌에, 만물의 실정을 살펴 균평하게 베푼다"라고 모양을 풀어낸다.

'땅속에 산이 있다'라는 말

땅이 위에, 산이 아래에 있는 겸괘의 모양을 『주역』에서는 "지중유산(地中有山)"이라고 표현했다. '땅속에 산이 있다.' '땅 안에 산이 있다.' 이 함축적인 말을 어떻게 이해하면 좋을까?

눈에 보이는 산은 보통 우뚝하게 서 있다. 본래 높은 산이 땅 아래에 내려가 숨어 있으니 겸손하다고 해야 할까? 그렇게 생각할 수 있지만 그다지 흔쾌한 감흥이 일지 않는다. '지중유산'의 풀이는 옛 선비들에게도 생각거리였는가 보다. 추사 김정희의 생각이 눈길을 끈다.

"하늘 안에 땅이 있고 땅 안에 산이 있으니, 땅이 하늘 안에 있으면 겨우 하나의 점에 불과할 따름이요, 산이 땅 안에 있으면 역시 한 줌의 돌, 한 줌의 흙일 따름이다. 이제 작게 보이는 산을 어찌 크다고 하겠는가? 나는 세상의 한 줌 흙인 미미한 존재로서 애초에 높음이 없는데 어찌 나중이라 해서 낮은 데로 굽혀서 아래에 머물러 있겠는가."

－『완당집』,「겸겸실기」

추사는 『주역』의 글에 "땅속에 산이 있다[地中有山]"라고 했지, "땅 밑에 산이 있다[地下有山]"라고 하지 않은 점에 주목했다. 광대한 땅에 안긴 산의 모습은 본래 작아서 낮추고 말 것도 없으니, 있는 모습 그대로 존재하면 될 일이라고 추사는 생각한 듯하다.

추사의 풀이가 멋이 있다. 그런데 추사의 말처럼 산이 '원래 미미한 존재'라고 한다면 많은 데서 덜어서 적은 데에 더해준다는 겸괘의 구절은 필요가 없지 않은가'라는 생각이 들기도 한다. 아마 마음 수양을 통해 자신을 높게 여기는 마음 덜어내기를 반복하다 보면 어느덧 덜어낼 필요가 없는 그런 경지에 이르는 것인가 생각해 본다.

주희(朱熹)가 사숙한 스승 정이(程頤)는 겸괘에 "산이 땅속에 있다"가 아니라 "땅속에 산이 있다"라 한 것에 주목했다. 높은 자가 낮은 곳으로 내려와 있는 게 아니라, "낮게 있으면서 고귀함을 간직한다"는 의미로 읽었다. 자기 자신이 높다거나 많이 가졌다는 의식이 없이, 늘 변함없이 낮게 있지만 그의 내면에 단단하고 밝은 덕이 간직되어 있다는 뜻으로 보았다. 말과 행동이 부드럽고 공손한데 그 속에 단단함이 없다면 그것은 '겸손'이 아니라 그저 시류에 따라 흘러 다니는 부평초에 그치고 말리라.

　19세기 조선의 학자 심대윤은 "군자가 낮추어 온순한 것은 말과 행동이며, 높고 큰 것은 사업이니, 말과 행동을 낮추어 온순하기 때문에 무리와 화합할 수 있고, 사업이 높고 크기 때문에 사람들이 승복할 수 있게 된다"라고 하였다. 부드러움 속에 단단함을 잘 간직했을 때 겸손은 가능하다. 그러한 '지중유산'의 덕을 지님으로써 우리는 개인의 인격 면에서나 사회의 사업에서나 높은 산을 덜어 낮은 땅을 돋우는 균평을 얻을 수 있다고 『주역』은 말하고 있다.

빛을 누그러뜨려 세속과 하나 되다

겸괘의 '지중유산'과 함께 떠오르는 다른 구절이 있다. 노자 『도덕경』의 '화광동진(和光同塵)'이다. "강렬한 빛을 부드럽게 누그러뜨려 세속의 티끌과 하나 된다"라는 뜻이다. 읽는 이에 따라 견해가 다를 수 있겠지만, 율곡 이이는 그 의미를 "덕과 아름다움을 속에 품어, 스스로 빛내거나 남들과 특이하게 다름을 내세우지 않는 것이다"라고 하였다. 또 세속을 좇아 잘못된 것을 익히지도 않고, 세속을 떠나지도 않는다는 의미로 풀이하였다.

　'화광동진'의 의미를 유교식으로 풀어보자면 『중용』에서 말하는 "극고명이도중용(極高明而道中庸)"과 만날 듯하다. "식견은 지극히 높고 밝기를 추구하지만, 이 세상에서의 행위는 일상적이고 평범하다"라는 뜻이다. 식견은 고명해야 할 일이지만 표출과 실행 방식은 구체적인 시간과 공간에 알맞게 해야 한다.

　『중용』은 이러한 가치를 추구하는 이가 배워야 할 본보기가 하늘과 땅의 성능(性能)이라고 한다. 드높은 식견은 하늘에 비견되고 두터운 덕은 땅과 짝한다. 태초로부터 지금까지 자연은 그 장구한 세월 동안 잠시 잠깐도 쉰 적이 없이 정확하게 운행하며 모든 생명을 길러왔다. 하늘과 땅의 이러한 공덕을 '지성무식(至誠無息)', 즉 '지극한 성실함이 쉼 없다'라고 한다. 하늘과 땅의 진실함과 성실함이 아니라면 어떤 사물도 존재할 수가 없다. 그래서 『중용』은 성(誠)이야말로 "사물의 끝과 시작"이며, "성(誠)이 아니면 아무것도 없다[不誠無物]"라고 말한다. 그러니 높은 덕과 아름다움을 속에 품고 평범하게 살아가는 일은 성(誠)하려는 노력에 달린 것이다. 다시 말해 겸손에는 성(誠)이 전제된다는 뜻이다.

『주역』의 건괘(乾卦)와 곤괘(坤卦)에서는 강한 양을 쓸 때 강함을 드러내지 말고 부드럽게 써야 하며, 부드러운 방식으로 대처할 때 속에는 곧고 단단함이 있어야 한다고 조언한다. '지중유산'의 겸손함은 건·곤괘에서 이미 알려준 지혜와 다르지 않다.

한때 겸손할 수 있어도 끝까지 겸손으로 마치기는 어려운 일이다. 퇴계 이황의 임종 때 나온 겸괘 구삼효(九三爻), 즉 "공로가 있어도 겸손하니[勞謙], 군자가 끝마침이 있어서 길하다"는 참으로 쉽게 얻을 수 있는 것이 아니다. 하늘과 땅의 절대적 성실성이 유구하게 지속되듯이, 사람 역시 지극한 정성이라야 겸손으로 끝을 마칠 수 있다. 그것이 바로 '부드러움 속에 온축된 단단함'일 것이다.

가득 차 있어도 비어 있는 듯

우리는 종종 "사람은 속이 잘 영글어야 한다"는 말을 하곤 한다. 차 있으면서 비어 있는 듯한 사람, 떠오르는 인물이 있다. 하나를 들으면 열을 안다는 공자의 제자 안회이다. 그는 서른의 젊은 나이에 세상을 떠났다. 함께 공부한 증삼은 훗날 안회를 이렇게 회고했다.

"재주가 많으면서도 재주가 적은 이에게 묻고, 많이 알면서도 조금 아는 이에게 물었다. 가졌어도 없는 듯하고, 가득해도 비어있는 듯하며, 남이 내게 잘못해도 따지지 않는 것을, 예전의 내 친구 안회가 그렇게 했다."

남보다 앞서 나가지 않고, 남을 이롭게 하면서도 다투지 않으며 늘 낮은 자리에 머무는 일은 쉽지 않다. 그러한 사람은 살아있을 때도 그 이후에도 오래도록 자취가 남는다. 참으로 존경하고 서로 아끼는 벗의 사귐, 사람의 향기는 오늘날에도 여전히 그립고 소망스럽다.

4

겸괘(謙卦) 2:
『주역』이 길하게 여기는 사람의 모습

하늘의 도는 꽉 찬 것을 이지러지게 하고 겸손한 것은 보태어준다.
땅의 도는 가득한 것을 변하게 하여 겸손한 데로 흐르게 한다.
겸손한 사람은 높은 자리에서는 빛이 나고
낮은 자리에 있어도 그를 넘을 수 없으니,
군자의 끝맺음이다.
-『주역』, 겸괘

겸괘의 사람, 퇴계 이황

퇴계 이황(1501~1570) 선생이 세상을 떠나기 하루 전이다. 임종을
직감하였는지, 퇴계는 제자들을 하나씩 불러 뒷일을 맡겼다. 서책
을 맡으라는 분부를 받은 이덕홍은 물러 나와 여러 제자와 주역점
을 쳤다. 겸괘(謙卦)의 "군자가 끝마침이 있다[君子有終]"는 점사를
얻고는 저마다 얼굴빛이 변하였다. 「퇴계연보」에는 선생이 임종하
던 날의 모습이 마치 한 폭의 그림처럼 그려져 있다.

아침에 화분의 매화에 물을 주라고 하셨다. 이날은 개었는
데 유시(酉時, 오후 5~7시 사이)로 들어가자 갑자기 흰 구름이
지붕 위에 모이고 눈이 내려 한 치쯤 쌓였다. 조금 있다가

매화를 사랑한 퇴계가 운명하던 날은 살포시 눈이 내렸다.

선생이 자리를 바루라고 명하므로 부축하여 일으키자,
앉아서 운명했다. 그러자 구름이 흩어지고 눈은 개었다.

매화, 맑은 하늘, 구름과 눈, 바르게 앉아서 운명하자 구름이 흩어지고 눈이 그치는 풍경들이 파노라마처럼 흘러간다. 생의 마지막 날까지 맑은 정신으로 가족과 문인 제자의 배웅을 받으며 떠난 퇴계 선생의 모습이 정갈하다.

　　퇴계의 제자들이 쳤던 점의 겸괘(謙卦, ䷎) 구삼효(九三爻)의 내용은 "공로가 있어도 겸손하니[勞謙], 군자가 끝마침이 있어서 길하다"이다. 그리고 "공로가 있어도 겸손한 군자는 만백성이 승복한다"는 설명이 덧붙여 있다. 노겸(勞謙)은 "수고하고서도 겸손하다"

라고 풀이할 수도 있다. 핵심은 '겸손'이다.

겸괘는 땅을 상징하는 곤(坤, ☷) 아래에 산을 상징하는 간(艮, ☶)이 놓여있다. 산은 본디 땅 위에 솟아 있는 것인데, 겸괘에서는 "땅속에 산이 있다[地中有山]"라고 하였다. 땅은 낮게 있지만 그 안에 산을 품고 있으니, 낮은데 처하지만 속은 존귀하다. 『주역』 64괘 가운데 여섯 효가 모두 '길하'거나 '이로운' 경우는 오직 '겸괘' 뿐이다. "겸괘는 형통하다", "큰 강을 건너도 길하다", "바르고 길하다", "이롭지 않음이 없다"라고 한다. 군대를 일으키는 일조차도 "이롭다"고 기록하고 있으니, 『주역』에서 '겸손'을 얼마나 높이 평가하는지 알 수 있다.

九三 勞謙 君子有終 吉
구삼 노겸 군자유종 길
구삼은 공로가 있어도 겸손하니, 군자가 끝마침이 있어서 길하다.

象曰 勞謙君子 萬民福也
상왈 노겸군자 만민복야
『상전』에 말했다. "공로가 있어도 겸손한 군자"는 만백성이 승복한다.

겸괘(謙卦)

퇴계의 임종 무렵에 얻은 "끝맺음이 있다"는 점사(占辭)는 곧 세상을 떠나리라는 무거운 암시였으리라. 퇴계의 생애를 한마디로 요약할 때, 노겸군자(勞謙君子)만큼 함축적이고 적절한 표현을 찾기도 어려울 것이다. 모든 행위가 길하다는 '노겸군자', 그 모습은 어떤 것일까? 퇴계의 삶과 학문을 통해 『주역』이 말하는 길한 사람의 본보기를 살펴볼 수 있을 것이다.

주역周易의 눈

위기지학(爲己之學), '참나'를 향한 군자의 공부

깊은 산 무성한 수풀 속에 한 그루 난초 있어
종일토록 향기를 뿜으면서도
스스로는 그 향기로움 알지 못하네.

– 퇴계, 『언행록』

퇴계 이황은 지역과 학파를 막론하고 조선조를 통틀어 큰 존경을
받는 사상가였다 해도 과언이 아니다. 어느 학자는 퇴계학의 특징
을 "참다운 앎을 구하여 오래 힘쓰고", "인(仁)을 구하여 성인(聖人)
을 이루고자 하는 '참나'를 위한 공부"라고 하였다. 이때 '참나'를
위하는 공부를 가리켜 '위기지학(爲己之學)'이라 부른다. '위기(爲
己)'란 글자 그대로 '나 자신을 위한다'는 뜻이다. '남을 위한다'는
'위인(爲人)'과 상대가 되는 말이다.

나 자신을 위한 공부 '위기지학'은 본래 공자의 가르침에서 유
래한다. 공자는 『논어』에서 "예전 사람들은 나 자신을 위해 공부했
는데, 요즘 사람들은 남을 위해 공부하는구나"라며 탄식한 바 있
다. 공부의 목적은 결국 사회, 국가, 인류를 위해 일하는 것이니 '남
을 위한 공부'가 더 큰 것이 아닌가라는 생각이 들 수 있다. 그런데
공자가 평소에 제자들에게 늘 강조하던 가르침은 '나에게서 가까
운 일'로부터 시작하라는 것이었다.

하루는 성미가 괄괄하고 배포가 큰 제자 자로가 "군자란 어떤
사람입니까"라고 묻는다. 공자는 "경(敬)으로 자신을 닦는 사람"이
라고 답한다. 실망한 듯 재차 묻는 제자에게 공자는 "자신을 닦아

다른 사람들을 편안하게 하는 사람"이라고 말한다. 거듭 더 큰 답을 원하는 자로에게 공자는 "자신을 닦아 백성들을 편안하게 하는 사람"이라고 답하며, 이는 요순과 같은 성인(聖人)들도 고심했던 일이라는 말로 제자의 말문을 막아버렸다. 어쩌면 이 세상에서 제일 어려운 일은 나 자신을 이기는 일일지 모른다. 요컨대 '나 닦음'이란 그렇게 간단한 문제가 아니다.

퇴계는 마음으로 체득하고 실천하는 일을 중요하게 여겼다. 외적인 명성을 구하고 허식에 힘쓰는 일을 경계하였다. 그것은 나를 위한 공부가 아니라 남을 위한 공부, 즉 '위인지학'에 불과하기 때문이다. 군자의 공부는 가장 가까운 곳으로부터 출발하는 자기 자신을 위한 일일 뿐이다. 퇴계는 이를 남모르게 골짜기에 피어난 난초가 맑은 향을 토하는 모습에 비유하고, 이 뜻을 깊이 체득해야 한다고 역설한다.

『조선왕조실록』에 실린 퇴계의 졸기(卒記)에는 흠결이라 할 만한 내용을 찾기 어렵다. 사관(史官)은 퇴계가 "참된 앎과 실천"을 위주로 했다고 하였으며, 겸양하여 감히 작자(作者)로 자처하지 않아 본인의 이름으로 별다른 저술을 내지 않았다고 기술하였다. 또한 "도가 이루어지고 덕이 확립되자 더욱 겸허해서, 배우려는 이들이 사방에서 모여들고 고관대작들도 그를 흠모해 사풍(士風)이 크게 변화되었다"고 평하였다. 정작 퇴계 자신은 평생 스승으로 자처하지 않았다고 한다. 애초에 문호를 열어 가르칠 작정을 한 일이 없었으나, 사람들이 찾아와 함께 공부하다 보니 일가를 이루게 되었다는 것이다.

퇴계는 함께 공부하는 사람들에 대해 "사람마다 품성이 다르

유네스코 세계문화유산 안동 도산서원. 퇴계 이황의 학문과 덕행을 기리고 추모하고자
1574년(선조 7)에 지어진 서원이다. ⓒ한국관광공사 포토코리아—앙지뉴 필름

므로 사람을 일괄해서 평가하기는 어렵다. 부족한 모습이더라도
단정해서 비판하기보다는, 학문하는 뜻을 귀히 여겨 서로 도와 성
취할 수 있도록 노력해야 한다"고 말한 바 있다. 『주역』 겸괘는 '땅
안에 산이 있는(地中有山)' 모습(象)에서 배워야 할 교훈으로 "넘치
는 것은 덜어내고 적은 데는 보태주며, 만물을 잘 저울질해서 고르
게 베푸는 일"을 제시한다. 열이면 열 모두 제각각 들쭉날쭉한 문
제들을 지니고 있으니, 넘치는 것은 덜어내고 부족한 부분은 채워
서 원만한 인격으로 가다듬어 가는 과정이 곧 교육이고 수양이지
않을까?

　　퇴계가 문인들에게 보내 준 편지 가운데 중요한 내용을 뽑아
엮은 『자성록(自省錄)』이란 책이 있다. 책의 제목 자체가 스스로 살

피기 위한 것이라는 뜻을 담고 있다. 퇴계는 책의 서문에서 이렇게 말한다.

　　옛적에 말을 함부로 하지 않은 것은 몸으로 실천함이 미치지 못함을 부끄러워했기 때문이다. 이제 붕우(朋友)와 더불어 강구 왕복하는 가운데 말을 하게 된 것은 부득이한 것이다. 스스로 부끄러움을 이기지 못하겠노라.

'제자들의 질문에 답한 내용'이라 써도 아무 흠이 없을 터인데, 벗들과 함께 강구(講究)하는 가운데 부득이하게 말을 하게 되어서 부끄럽다고 한다. 퇴계다운 겸양이 잘 드러난다. 퇴계는 문하의 젊은 사람에게도 이름을 부르거나, '너'라고 하지 않았다고 한다. 『자성록』에는 퇴계가 율곡에게 답한 편지도 실려 있어 반가움을 더한다.

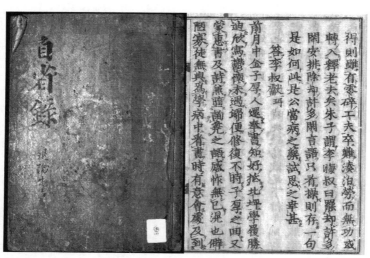

퇴계 『자성록』 표지와 율곡에게 답한 글. 율곡의 자(字)가 숙헌(叔獻)이다.
표지 ⓒ한국민족문화대백과, 「답이숙헌」 ⓒ국립중앙도서관

후대의 학인들은 퇴계학파와 율곡학파로 조선 후기의 사상사를 갈라놓았지만, 율곡에게 퇴계는 학문과 개인적 삶의 문제를 두루 의논한 존경하는 선생님이었다.

나를 바루었더니 남들이 바르게 되더라

『맹자』에는 "나를 바르게 하여 다른 것들이 바르게 된다[正己而物正]"는 말이 있다. 맹자는 몇 가지 인간의 유형을 들면서 그 가운데 자신을 바르게 하여 다른 것들이 바르게 되는 경우의 사람을 '대인(大人)'이라 칭하고, 그러한 경지에 최고점을 주었다. 꽃은 제가 있는 자리에서 제 향기를 토할 뿐인데 벌·나비가 모여들어 꽃가루를 널리 널리 퍼뜨린다. 맹자는 '자신을 바루는' 평범한 위기지학이 가장 어렵고 위대한 경지임을 말하고 있다. 『주역』의 건괘(乾卦)에서는 대인(大人)의 모습을 이렇게 묘사한다.

> 대인은 그 덕이 하늘·땅과 부합하고, 그 밝음이 해·달과 부합한다. 하늘보다 앞서 나가도 하늘이 (그를) 어기지 않고, 하늘보다 뒤에 있으면서 하늘의 때를 받든다. 하늘도 그를 어기지 않는데, 하물며 사람에게서랴, 하물며 귀신에게서랴!

『주역』이 말하는 대인은 감히 범접할 수 없는 모습으로 묘사되어 있다. 하늘보다 앞서 나가도 하늘이 그를 어기지 않는다고 하니, 대인은 하늘과 동격이다. 그런데 반전이 있다. 하늘과 같은 덕을 지녔음에도 불구하고 대인은 '하늘의 뒤에서 하늘의 때를 받든다'는 겸양의 모습을 지니고 있기 때문이다. 하늘도 승인하는 대인은 하늘을 받드는 군자와 관계없는 별개의 존재가 아니다. 겸괘의 군자는 '하늘의 뒤에서 하늘의 때를 받들고자' 노력하지, 결코 하늘과 동격임을 자처하지 않는다.

어릴 적 읽었던 너새니엘 호손(Nathaniel Hawthorne, 1804~1864)의 '큰 바위 얼굴(The Great Stone Face)'이라는 소설을 생각한다. 한 시골마을에서 자연이 빚어낸 큰 바위의 얼굴을 바라보며 그와 닮은 위대한 인물이 나타나길 오래 기다리던 소년 어니스트는 생애 만년에 자신도 모르는 새 그 자신이 큰 바위 얼굴의 모습이 되어 있었다. 그런데도 여전히 자신보다 현명한 큰 바위 얼굴을 더욱 닮은 사람을 만나기를 기원하고 있었다. 평생 진지하게 길을 찾아 길을 가다 보니, 어느새 자신이 길이 되어 있었지만, 스스로는 여전히 길 위에 있는 사람이다.

퇴계가 평생 추구한 바는 나를 바르게 하려는 위기지학이었다. 아무도 보지 않는 깊은 산골짜기에서도 맑은 향을 토해내는 난초를 닮은 공부를 지향했다. 그런 겸손함이 도리어 대인(大人)의 풍모로 이어진다. 이러한 '노겸군자'의 위기지학은 또한 나 자신의 이야기이기도 하지 않을까?

5

복괘(復卦):
동짓날에 담긴 천지의 마음

돌아옴[復]

동짓날을 성대하게 기리는 이유

겨울의 극점(極點), 동지(冬至) 이야기를 해야겠다. 동짓날이라 하면
무엇이 떠오를까? 뭐니 뭐니 해도 새알심이 박혀있는 동지팥죽이
아닐까 한다. 붉은 팥죽은 액막이를 위한 것이라 널리 알려져 있고,
하얀 찹쌀 경단을 새알심이라 부르는 이유는 하얀 새알이 탄생과
빛을 상징하기 때문이라는 이야기가 따라다닌다.

  예전에는 작은 설이라 불렸던 동짓날이면 임금은 곤복(袞服)에
면류관(冕旒冠)을 차려입고, 백관(百官)들과 하례를 행했다. 『조선
왕조실록』에는 영조 임금 시절에 동짓날 종로 거리의 걸인들을 불
러 모아 팥죽을 먹여주었다는 기록도 있다. 이제는 보기 어려운 풍
경이지만, 동짓날 집에서 차례를 지내기도 했다.

'작은 설' 동짓날에 먹는 새알심 들어간 동지팥죽.

　여러 절기의 멋진 세시풍속이 하나둘 사라졌지만, 동지는 오늘날까지 그 풍속이 이어지고 있는 중요한 절기임을 새삼 느끼게 된다. 동지를 이렇게 중요하게 여기는 이유가 무엇일까? 동짓날 아침은 한 해 가운데 가장 긴 밤을 지내고 다시 첫 태양이 떠오른 시점이기 때문이다. 즉 탄생과 부활, 새로운 시작을 의미하기 때문이라 할 수 있겠다. 비유컨대 마치 새로운 천지가 개벽하는 것과 같다. 24시와 0시가 하루를 단위로 하는 개벽의 순간이라면, 동지는 한 해를 시작하는 단위로 하는 0시이다. 여전히 짙은 어둠 속에 있어 그 변화가 드러나려면 기나긴 새벽어둠을 지나야 하지만, 그것은 시간문제일 뿐 필연적으로 아침이 오고야 만다. 생명이 잉태되는 순간에 아무 조짐이 드러나 보이지 않을지라도, 그것은 한 세상이 열린 장엄한 시간이다.

　『주역』의 복괘(復卦, ䷗)에서는 "동짓날에는 성문을 닫아걸어

장사와 여행을 금하고, 임금도 사방을 시찰하는 일을 하지 않는다"라고 하였다. 갓 태동한 여린 생명의 기운을 숨죽여 고요히 기르는 엄숙한 시간의 의미가 느껴진다.

복괘는 동지(冬至)를 주제로 한 괘이다. 괘의 모양을 보면 땅(☷)속에 우레(☳)가 꽂혀 땅속을 흔들어 놓았다. 아직은 땅속 깊숙이 있어 그 기운이 미미하지만 계속 자라나리라는 것을 예측할 수 있다. 복(復)은 '돌아온다', '회복한다'는 말이다. '빛이 돌아온다', '양의 기운이 회복된다'는 의미로 풀이할 수 있다. 그런데 새로운 시작을 뜻하는데, 왜 '돌아온다' 또는 '회복한다'는 표현을 쓰는 것일까? 당연한 듯 지나갈 수도 있지만, '돌아온다'는 말이 지닌 문화적 사상적 배경의 깊이를 생각하게 된다.

'돌아온다'는 말

'돌아온다'는 말은 경험해 보지 못한 미지의 세계로 나아가는 것이 아니다. 본래 있던 곳으로의 귀향을 뜻한다. 복괘에서의 '돌아옴'은 바른 데로 돌아오는 것이며, 이상적인 표준으로 돌아오는 움직임이다. 복괘의 초효에서는 "머지않아 되돌아와 후회에 이르지 않으니 크게 길하다"고 하였고, 이효에서는 "어진 이에게 자신을 낮추니, 아름답게 돌아와 길하다"고 하였다. 잘못된 길로 들어섰다가도 자각하고 재빨리 돌아오기에 후회가 없을 뿐 아니라 크게 길한 일이라 한 것이다. 역대 주석가들은 공자의 수제자로 일컬어지는 복성공(復聖公) 안회(顏回)가 이와 같은 사람이라 한다.

성선설을 기반으로 하는 유교 전통에서 복(復)은 '본성으로 돌아옴', '본성을 회복함'을 뜻하기도 한다. 맹자는 "성인(聖人)은 타고난 본성대로 행하며[性之], 현인은 수양을 통해 타고난 본성으로 돌이킨다[反之]"고 하였다. 당나라 말기의 이고(李翶)는 『복성서(復性書)』라는 책을 썼는데, 본성을 회복하는 일에 관해 쓴 책이라는 말이다.

맹자 성선설의 기반은 『주역』에서 발견할 수 있다. 『주역』에서는 "음과 양이 번갈아 상호 작용하는 것이 자연의 길[道]이며, 그것을 이어받는 일이 선(善)이고, 그것이 개체 속에 이루어져 있는 것이 본성이다"라고 한다. 자연이 뭇 사물을 낳고 기르는 음양의 생명 작용을 본받아 계승하는 것이 선(善)이며, 우리의 본성은 그러한 선이 내재화된 것이라 말하고 있다. 이러한 본성을 맹자는 인(仁)이라 하였으며, 인(仁)은 사람이 거처하는 '편안한 집'이라 하였다. 본성을 회복한다는 것은 내 존재의 고향으로 돌아가 안식하는 일이다.

퇴계 이황은 옛 선현들이 남긴 좌우명과 마음 다스리는 글을 모아 『고경중마방(古鏡重磨方)』이라는 제목으로 엮어, 자신을 성찰하는 지침으로 삼았다. '고경중마방'은 '오래된 거울을 거듭 갈고 닦는 방법'이란 뜻이다. 이황은 책의 첫머리에 주희의 시를 실었는데, 이 시에서는 수양을 통해 본성을 회복하는 일을 고향 찾아가는 일에 비유하고 있다.

낡은 거울을 거듭 갈고 닦는데 옛 가르침 절실하여라.
거울 빛 밝아지면 해와 더불어 밝기를 다투네.
내 고향집 가는 길 환히 비춰 밝히니,
부디 이미 길든 내 모습을 고향이라 여기지 마오.

복(復)의 의미는 『주역』 건괘의 원·형·이·정(元亨利貞)에 견주어 생각해 볼 수도 있다. 원·형·이·정은 생명의 순환적 주기(週期)인 봄·여름·가을·겨울의 상징이다. 만물이 소생하여 약동하는 것은 봄의 일이지만, 봄의 소식은 겨울에 마련되어 있다. 고요한 겨울의 대지 아래에 참된 생명력이 고이 간직되어 있다. 자연이 한 해의 운행을 마치고 고요함으로 돌아가 쉬며 참된 생명력을 회복하는 것이 복(復)이다. 그러한 온축(蘊蓄, 속에 깊이 쌓아 둠)에 힘입어 다시 만물을 낳고 기르는 생명의 활동을 시작하는 것 또한 복(復)이다. 자연의 운행을 관찰하고 묵상하여 사람의 길을 찾는 『주역』의 사유에서 '돌아옴'은 자연과 인간이 공유하는 생명의 길이다.

자연에도 있다는 마음

『주역』은 자연에도 마음이 있다고 한다. 복괘에는 '천지지심(天地之心)', 즉 '하늘과 땅의 마음'이라는 말이 있고, 그 외 몇몇 괘에 '하늘과 땅의 정[天地之情]'이란 표현이 있다. 하늘과 땅의 마음이란 어떤 것인가? 복괘에서는 "되돌아옴[復]에서 천지의 마음을 본다"라 한다. '천지지심'이란 천지가 만물을 낳고 기르는 생명의 아버지와 어머니로서 마음인 인(仁)이라 할 수 있다. 인(仁)의 마음을 양(陽)이 돌아옴을 통해 볼 수 있다는 것이다.

괘의 모양으로 보면 꼭대기에 양(陽)이 간당간당 매달려 있는 박괘(剝卦, ䷖)에서 전체가 어둠에 싸인 곤괘(坤卦, ䷁)의 극점을 통과하면 다시 양(陽)이 돋아나는 실마리인 복괘(復卦, ䷗)가 된다. ䷖ → ䷁ → ䷗으로의 흐름이다. 복괘의 모양을 보면 위로 다섯 효는 부드러운 과육으로, 맨 아래 단단한 초효는 과일의 씨앗으로 볼 수 있다. 씨앗이 인(仁)이다. 생명의 단서인 단단한 씨앗이 조용히 자라나 광대하게 생육하고 번성할 것은 정해진 이치이다.

북송시대 소옹(邵雍)이라는 학자는 양(陽)이 돌아오는 풍경을 아래와 같은 철학시로 읊었다.

동짓날 자정, 하늘의 마음은 변함없는데,
하나의 양이 막 일어나고, 만물이 아직 생기기 전
현주(玄酒) 맛 담담하고, 위대한 소리 참으로 희미하네.
이 말이 미덥지 않거든, 복희씨에게 물어보시게.
– '동지음(冬至吟)'

얼른 보기에 선(禪)문답과 같아 보인다. 이 시의 의미를 헤아려보자. 자시(子時)는 23~1시를 말한다. '자시'의 반(半)은 자정이다. 24시이자 0시라는 말이다. 여기가 하나의 양(陽)이 처음으로 움직이는 자리이다. 이때는 아직 만물이 나오지 않았지만 이미 새로운 세상이 열린 때이다. 이 시점을 맛과 소리로 비유한다. 맑은 물맛이 담박한 것과 같고, 생명이 태동하는 소리가 희미하지만 참으로 위대한 소리라는 뜻이다. 이러한 하늘의 마음은 매일매일 그러하고 해마다 그러하다. 변함이 없다.

맹자는 대낮의 번다함이 마음을 해치니, 고요한 밤의 기운을 잘 보존해 성품을 길러야 한다는 존야기(存夜氣)를 말했다. 그것을 『주역』의 언어로 말한다면 복괘의 "되돌아옴에서 천지의 마음을 본다"가 될 것이다.

새로이 돌아온 하루, 오늘

『주역』의 사유 방식으로 보면 하루도 한 해도 모두가 천지개벽이다. 동지는 우리 전통문화에서 추구해온 중생절(重生節, 거듭남의 날), 쉽게 말해 부활절이 될 것이다. 동짓날이 가장 큰 부활의 상징이고, 실은 매일매일 부활이다. 『대학』에서는 자신의 밝은 덕을 밝히려거든 "진실로 날로 새롭고, 나날이 새롭고 또 날로 새로워라"라고 하였다. 『주역』에서 "낳고 낳는 것[生生]을 역(易)이라 한다"라고 하였으니, 변화의 순간순간이 모두 새롭게 거듭남이다.

20세기의 종교사상가 유영모 선생은 하루 단위로 삶을 헤아렸다고 한다. 오늘은 20,075일째 살고 있다는 식이다. 그는 '오늘'을 '오! 늘~'로 읽은 것으로 유명하다. '오늘'이라는 순간 속에 절대와 영원을 담았다. 늘 명쾌하게 이해되지 않던 『논어』의 구절, "아침에 도를 들으면 저녁에 죽어도 좋다"는 말은 오늘 하루의 참된 삶이 영원한 가치를 지닌다는 뜻이기도 하겠다.

6

곤괘(困卦):
흉한 일도 감당하는 게 인생

곤고함[困]

삶에 굴곡이 없으면

주제가 무겁다. 언제나 기쁘고 즐거운 이야기가 듣기에 편하지만, 그 반대의 측면이 빙산의 밑동처럼 버티고 있는 것이 삶의 모습이 아닌가. 누구나 건강하기를 원하고, 앞길이 순탄하기를 기도한다. 삶에 길(吉)과 흉(凶)이 함께 있음을 모르지 않지만, 우리는 늘 길한 쪽으로 나아가기를 바란다. 흉한 일을 만났을 때조차도 잘 극복하여 길한 쪽으로 나아가길 원한다.

아파 본 적도 없고, 슬퍼 본 적도 없으며, 실패와 좌절을 겪어본 일도 없이 승승장구 살아온 이가 있다고 하자. 어떤 의미에서 그처럼 불행하고 불쌍한 일도 없다는 것이 인생의 역설이다. 인생의 아름다움이란 쓰고 달고 맵고 신맛이 한데 버무려져 숙성된 것이겠기에 말이다.

『주역』은 흉한 일을 만났을 때 어떻게 극복해야 하는지 생각하게 해주는 책이기도 하다. 『주역』의 64괘 가운데 삶의 가장 흉한 국면을 제시한 사례는 택수(澤水) 곤괘(困卦, ䷮)가 아닐까 한다. 곤(困) 자체가 '괴롭다'는 뜻이다. 괘의 모양이 연못(☱)이 위에 있고 물(☵)은 아래에 있다. 물이 연못에 담겨 있지 못하고 아래로 쭉 빠져 내린 모양새이다. 더 험악하게 말하자면 몸에서 피가 쭉 빠져나간 형국이다. 죽음을 면치 못한다. 이보다 더 흉할 수가 있겠는가! 그런데 이 괘의 의미를 풀어놓은 『주역』의 설명이 아이러니하다.

"곤(困)은 형통하고 곧은 대인(大人)이라서 길하고 허물이 없다. 말을 해도 믿지 않으리라."

모순과 역설로 점철된 풀이이다. 상황은 필경 죽게 되어 흉하기 짝이 없는데, 그 풀이는 길하고 허물이 없단다. 무슨 말을 해도 남들이 믿어주지 않으니 곤궁함에서 벗어날 수 없는 형국이다. 그런데도 '길하고 허물이 없다'니… 무슨 말인가? 답은 이어지는 『주역』의 설명에서 찾을 수 있다. "기쁘게 험난한 길을 가기에, 곤고하지만 형통함을 잃지 않으니, 군자라야 그러하리라!"

세상 사람들은 그의 무고함을 알아주지 않지만, 당사자는 의연하게 그 험난한 길을 간다. 그런 지조를 지녔기에, 비록 몸은 죽어 흉하더라도 추구하는 '뜻'은 이루어지는 길한 결과를 낳으리라는 해석이다. 급기야 『주역』의 작자는 '연못 밑으로 물이 다 빠져 내린' 괘의 모양에서 사람이 배워야 할 교훈이 '치명수지(致命遂

志)', 즉 "목숨을 바쳐 뜻을 이루는 것"이라고 하였다. '살신성인(殺身成仁)'이다. 죽음으로써 다시 산다는 역설이며, 길과 흉의 뒤얽힘과 뒤집힘이다.

목숨 바쳐 뜻 이루는 도학의 선비정신

『주역』의 곤괘(困卦)를 읽노라면 윤동주의 시 '십자가', 조선의 도학자들, 안중근 의사, 한국인 최초의 신부(神父) 김대건의 일대기를 다룬 영화 〈탄생〉, 현충원은 고사하고 비목(碑木)조차 갖지 못한 무수한 초야의 별들, 의병들…. 다 헤아릴 수 없는 사람들이 꼬리를 물고 생각난다.

> 쫓아오던 햇빛인데 / 지금 교회당 꼭대기 / 십자가에 걸리었습니다. / 첨탑이 저렇게도 높은데 / 어떻게 올라갈 수 있을까요. / 종소리도 들려오지 않는데 / 휘파람이나 불며 서성거리다가, / 괴로웠던 사나이 / 행복한 예수 그리스도에게 / 처럼 / 십자가가 허락된다면 / 모가지를 드리우고 / 꽃처럼 피어나는 피를 / 어두워 가는 하늘 밑에 / 조용히 흘리겠습니다.
>
> – 윤동주, '십자가'

"괴로웠던 사나이 행복한 예수 그리스도"의 모습이야말로 곤괘(困卦) 대인의 맞춤 사례가 아닐까? "이것이 제가 마시지 않고는 치워질 수 없는 잔이라면 아버지의 뜻대로 하소서"라고 피땀으로 기도하던 예수의 괴로움이 곧 그를 복된 사나이가 되게 하였다는 역설이 있다. 멀리 교회당 꼭대기 십자가에 높이 걸린 햇빛이 어두워 가는 하늘 아래 조용히 피를 흘리며 스러져 가는 그이의 모습과 뗄 수 없이 뒤얽히며, '기꺼이 험한 길로 걸어가는' 곤괘의 군자를 떠올리게 된다.

　도학(道學)은 성리학의 다른 이름이다. 율곡 이이는 도학의 이념을 "선(善)을 밝히고 몸을 닦아, 자기 자신에게서는 덕(德)을 이루고 정치적으로는 왕도(王道)를 이루는 것"이라고 했다. 도학의 이념을 구체적으로 실현한 이상적 지식인의 모습을 '선비'라 부른다. 갓 쓰고 글 읽는다고 아무나 선비가 아닌 것이다. 조선조 내내 도학의 으뜸으로 추앙된 이는 정암 조광조이다. 연산군 시절 무오사화가 일어나 당시 명망이 있던 학자 김굉필은 조광조의 부친이 벼슬 살던 평안도 희천으로 유배를 왔다. 17세의 조광조는 김굉필에게 배우기 위해 지인에게 소개장을 부탁까지 해가며, 김굉필을 찾아가 스승으로 모셨다. 유배당한 이는 만나기조차 꺼리던 세태를 생각할 때, 소년 조광조의 행보는 이례적이다. 조광조는 중종반정 이후 사림의 추대와 중종의 절대적 신임 속에 4년에 걸쳐 크게 뜻을 펼친 바 있다. 그러나 그의 개혁정치는 반대파들의 모략에 걸려 좌절되었으며, 결국 38세의 나이로 사약을 받고 말았다. 그가 남긴 절명시가 당시 그의 심경을 잘 보여준다.

　임금 사랑하기를 어버이 사랑하듯 하였고,
　나라 걱정하기를 내 집처럼 하였네.
　환한 해가 이 세상에 내려와
　한 조각 붉은 속마음을 밝게 비추오리.

어디 조광조뿐이겠는가? 조선시대만 하더라도 충무공 이순신, 중봉 조헌과 임진왜란 700의사, 안중근 의사, 유관순 열사들이 있다. 일제에 항거하다 순국한 우뚝한 이름들이 있다. 그 뒤에는 이름도 성(姓)도 없이 기꺼이 목숨을 바친 무수한 별들의 '살신성인'이 있었기에 오늘의 우리가 있다.

몇 해 전 한국인 최초 가톨릭 사제인 김대건의 일대기를 다룬 영화 〈탄생〉이 상영되었다. 그를 계기로, 그동안 잘 알지 못했던 그에 관한 자료를 찾아보게 되었다. 예상치 못한 감동이 있었다. 그는 옥중에서 정부의 요청으로 세계 지리의 개략을 펴냈고, 영국제 세계지도를 번역해 내었다. 조선 정부로서도 그러한 인재가 아깝지 않았겠는가? 국내에서 그의 포교 활동은 1년 남짓, 형장의 이슬로 사라졌을 때 그의 나이 겨우 스물 다섯이었다. 그러나 그의 짧은 생애는 숭고하였고 거룩했다. 비록 모습은 달랐지만, 그의 생애에는 도학자의 기백과 정신이 그대로 담겨 있었다.

하늘을 뜻하는 건괘(乾卦)에서 다섯 번째 효는 천지와 그 덕을 합했다고 하는 대인(大人)의 자리이다. 『주역』에서는 대인이 "신묘한 변화와 함께하여 길흉을 그에 합치한다[與鬼神合其吉凶]"라고 하였다. 길과 흉은 한 짝이니 대인에게도 흉(凶)이 있다. 흉할 때는 흉해야 하는 것, 그것이 삶의 길이며 그럼으로써 길(吉)로 나아간다는 역설을 『주역』은 말한다.

호연지기는 하루하루 쌓아가는 것

같은 잘못을 반복해 저지르고, 하늘을 우러러 부끄러움이 없을 수 없는 보통 사람의 처지에서 '치명수지' 대인의 길은 나와는 너무 먼

위인들의 이야기로 들릴 수 있다.

처음부터 나는 '치명수지' 할 사람이라 공언하고 시작하는 이는 없을 것이다. 누군들 삶이 귀하지 않겠으며, 누구라서 일부러 그런 길을 가겠는가? 그런데 '만약 뜻하지 않게 그러한 갈림길에 선 운명에 처하는 경우, 당신은 어떤 선택을 하겠는가'라는 질문을 받는다면 어쩔 것인가? 어쩌면 그것은 나의 일이 될지도 모른다.

우리는 하루에도 수많은 선택을 하면서 산다. 그 가운데에는 내 마음공부와 관련된 자잘한 선택들도 있기 마련이다. 맹자가 말한 호연지기(浩然之氣)를 생각한다. 씩씩하고 광대한 도덕적 기운이다. 맹자는 호연지기가 갑자기 솟아나는 것이 아니라, "생활 속 의(義)의 실천이 차곡차곡 쌓여 이루어지는 것"이라 하였다. 오늘 하루의 삶에서 호연지기를 돌보지 않으면, 그 기운은 쪼그라들어 나의 집안도 다스릴 수 없지만, 잘 배양하면 이 세계에 가득 찰 만큼 자라날 수 있다고 맹자는 말한다. 결국 나 하기 나름이라는 말이다.

오늘 하루 작지만 의롭고 양심에 떳떳한 선택, 나 자신을 참되고 아름답게 가꾸려는 지금의 노력이 중요하다. "마음을 잘 보존하고, 본성을 잘 기르는 일이 하늘을 섬기는 방법"이라는 것이 맹자의 가르침이다. '나침반은 흔들리기 때문에 바른 방향을 가리킬 수 있'듯, 오늘도 떨리고 두려운 마음으로 길을 찾으며 가는 우리 모두를 격려해 본다.

슬픈 사랑이 삶을 아름답게 한다

살신성인(殺身成仁)이란 말에서도 짐작할 수 있듯이 본래 의(義)와 인(仁)은 한 짝이다. 목숨 바쳐 뜻을 이루는 의(義)의 바탕에는 '상한 갈대도 꺾지 않는 마음', '죽어가는 모든 것들을 사랑하는' 슬픈 사랑이 있다. '자비', '측은지심', '컴패션'이 모두 그러하다. 자비(慈悲)란 글자의 뜻 자체가 '슬픔을 품은 사랑'이 아닌가. '측은지심(惻隱之心)'은 남의 고통을 차마 외면하지 못하는 마음을 말한다. '컴패션(Compassion)' 역시 불쌍히 여겨 고통을 함께한다는 뜻을 지녔다. 고통받는 생명의 아픔에 함께 슬퍼하다가 자신의 생명을 내어놓게도 되는 것이 종교의 본질이 아닌가 생각해 본다. 슬픈 사랑이 삶을 아름답게 한다. 윤동주의 시 '팔복(八福)'으로 이 글을 마무리하련다.

슬퍼하는 자는 복이 있나니
슬퍼하는 자는 복이 있나니
슬퍼하는 자는 복이 있나니
슬퍼하는 자는 복이 있나니
슬퍼하는 자는 복이 있나니
슬퍼하는 자는 복이 있나니
슬퍼하는 자는 복이 있나니
슬퍼하는 자는 복이 있나니

저희가 영원히 슬플 것이오.

7

혁괘(革卦):
변화하지 않으면 오래가지 못한다

변혁[革]

항상 되려면 변화해야 한다는 역설

『주역』에는 항괘(恒卦)가 있고 또 혁괘(革卦)가 있다. 항(恒)은 동일성을 유지하면서 오래간다는 뜻이고, 혁(革)은 변혁과 혁신을 뜻하는 말이니, 이 둘은 상반된 의미를 지닌다. 세상에 오래가는 게 무엇이 있을까? 항괘가 제시하는 사례는 천지, 일월, 사계절이다. 그런데 이들이 오래갈 수 있는 비결을 '변화'에서 찾는다는 데 그 묘미가 있다.

해와 달은 때에 맞춰 장구하게 비추며 운행 변화한다. 사계절 역시 변화함으로써 지속된다. 『주역』에 "궁하면 변하고, 변하면 통하며, 통하면 오래간다"라고 하였다. 상(常)과 변(變)은 늘 얽혀 있고, 때에 맞게 변역(變易)함으로써 항상성을 유지한다. 그러니 항괘

항恒 ⇄ 혁革

와 혁괘는 상반된 듯 보이지만 실은 내적 연관성을 지니고 있다.

　'항상성'이란 생명의 특성 중 하나로, 자신에게 적절한 상태를 오랫동안 유지하려는 성질을 말한다. 『주역』의 언어로 말하자면 상반된 음양의 작용을 통한 적절한 균형의 유지가 생명을 지속하게 한다. 해와 달, 봄·여름·가을·겨울의 변화는 모두 천지가 생동하는 작용이다. 밤과 낮, 밀물과 썰물, 추위와 더위의 갈마드는 변화가 생명을 존속하게 한다. "생명을 낳고 살리는 것"이 하늘과 땅의 큰 특성이라 하지 않았는가! 한 개체도 생명이지만 천지도 하나의 생명 단위이다. 유사한 패턴을 지니는 것은 그 내용이나 원리도 서로 상통한다고 생각하는 『주역』의 관점에서 국가도 하나의 생명체에 견주어 볼 수 있으니, 그 운영 원리를 자연의 변화에서 찾는 것이 이상할 바 없다.

　이처럼 세상만사를 변화와 변통의 연속으로 볼 때, 혁괘는 '변혁'의 도리가 어떠해야 하는가에 대해 기준을 제시한다. 특히 국가와 같은 큰 조직의 차원에서 변혁은 어떻게 이루어져야 하는가를 다루고 있다. 변혁의 목적은 비색한 국면을 타개함으로써 장구한 번영을 누리는 데 있다. 혁괘는 사계절이 때에 맞추어 거대한 변혁을 자연스럽게 진행하듯, 사회의 변혁 또한 그렇게 시행하는 것이 가장 이상적이라 한다. 또 개혁이 성공하기 위해서는 무엇보다 개혁 주체 자신의 인격적 변화와 소통, 그리고 간절한 정성이 요구된다고 말하고 있다.

계절이 변화하듯 개혁에는 때가 중요하다

한 가지 유념할 것이 있다. 혁(革)이란 망가진 것을 조금 고치는 데 그치는 것이 아니라 풀무에 넣어 새롭게 주조해 내는 근본적 변혁을 뜻한다. 혁괘에서는 은나라 탕왕과 주나라 무왕이 왕조를 새로 세운 혁명을 구체적 사례로 들고 있다. 혁괘에 '혁명(革命)'이라는 글자가 뚜렷이 쓰여 있으니, 오늘날에도 쓰이고 있는 이 말의 유래가 오래되었음을 알 수 있다. '혁명(革命)'을 글자대로 풀면 '천명을 바꾼다'는 뜻이다. 나라가 새로 서는 일이니 온 나라 사람들의 삶과 직결되는 엄청난 일이다.

『주역』은 혁괘의 의미를 "천지가 변혁하여 네 계절이 이루어지며, 탕·무(湯武)가 혁명하여 하늘에 순종하고 사람에게 응하니,

꽃 떨어져야 단단한 열매가 맺힌다. ⓒ이선녕

변혁의 때가 크도다"라고 요약하였다. 옛사람들은 봄·여름·가을·겨울의 변화, 즉 자연 세계의 변화를 혁(革) 가운데에서도 지대(至大)한 것으로 인식하였다. 계절의 변화는 무심이 흘러가는 듯하지만, 계절 변화의 뒤편에는 음과 양의 변혁 작용이 있다. 특히 여름에서 가을로의 변화가 두드러진다. 오행의 용어로는 이 변화의 특징을 '종혁(從革)'이라 부른다. 말 그대로 급격한 변화를 따른다는 말이다. 봄에 돋아난 새순은 여름을 거치며 무성히 자라나고 꽃을 피운다. 밖으로 생장(生長)하던 생명은 그 발산하던 힘을 거두어 꽃 떨어진 자리에 씨방을 맺고 단단한 열매를 맺는다. 봄·여름의 생장에서 가을의 성숙으로, 발산에서 수렴으로 전환하는 변화가 '종혁'이다.

율곡 이이는 "마땅히 개혁해야 할 일을 두려워해서 개혁하지 않는다면 때를 잃어서 해(害)가 된다"고 하였다. 열매를 맺으려면 제때 꽃을 떨궈야 하니, 변혁의 시기를 놓치면 가을에 수확할 수 없는 법이다.

중요한 것은 개혁 주체 자신의 변화와 소통

『주역』에서는 "하늘과 땅의 큰 덕은 생명을 낳고 살리는 일"이라고 말한다. 이에 부응하여 혁괘에서는 자연이 때맞춰 변화하여 생명을 살리듯, 사회의 개혁도 이를 본받아야 하늘의 뜻에 부합하고 인심이 호응한다고 한다.

『서경(書經)』에 "하늘은 백성의 눈을 통해서 보고, 백성의 귀를 통해서 듣는다"고 하였으니, 하늘의 뜻에 부합하는가를 알려면 민심을 살필 일이다. 조선을 건국한 주역(主役) 정도전은 "시골 장터 사람들까지도 다 정치의 득실에 대해 말할 수 있어야 한다"고 하였다. 이후 사람들 역시 언로의 개방을 중시하고 여론이 가리키는 방향을 국시(國是)로 인식하였다. 개혁에는 민심의 호응이 절대적이라고 여겼다.

혁괘에는 개혁을 이끄는 리더에 관한 이야기가 있다. 오효(五爻)의 대인과 상효(上爻)의 군자에 관한 묘사가 그것이다. 먼저 오효에서는 "대인은 범과 같이 변화하니, 점을 치지 않아도 미더우며, 그 문채가 빛이 난다"고 하였다. 대인이 하는 일은 점을 쳐서 하늘의 뜻을 확인하지 않더라도 그 자체로 미덥다는 것이다. 건괘(乾卦) 오효에서 하늘로 날아오른 용으로 상징되는 대인을 떠올리게 하는 표현이다. 대인의 면모에 대해 건괘「문언」은 이렇게 말한다.

"대인은 천지와 덕이 부합하며, 해·달과 밝음이 부합하고, 네 계절과 질서가 부합하며, 귀신과 길흉이 부합하여, 하늘보다 먼저 해도 하늘이 어기지 않고 하늘의 뒤에서는 하늘의 때를 받드니, 하늘이 또한 어기지 않는데 하물며 사람에게서며, 귀신에게서랴!"

대인이 이끄는 혁명은 통상적으로 생각하는 혁명의 차원을 넘어선다. 천지와 덕을 합하고, 자연의 질서와 합하며, 하늘보다 앞서가도 하늘이 어기지 않고, 하늘의 뒤에서는 하늘의 때를 받드는 그러한 대인의 혁명이란 인간 자신이 혁명할 수 있는 길을 밝혀주고 있는 진리의 스승들에게 해당하는 것이리라.

맹자는 한 국가를 안정시키는 자, 천하를 안정시키는 자를 넘어서는 경지에 있는 이를 대인(大人)이라 칭한다. 이 대인은 "자신을 바르게 하여 다른 사람들이 바르게 되는[正己而物正]" 그런 사람이라고 하였다. 또 "성인(聖人)이 지나가는 곳에서는 저절로 교화가 일어나는데, 그 결과가 계절이 흘러가듯 자연스러워 천지의 변화와 하나가 되니, 인위적으로 조금 고친 것과는 비교할 수 없는 일"이라고도 하였다. 이것이 "대인은 범과 같이 변한다"는 말의 실상이겠다. 대인이 일으키는 변화는 중후하고 위용이 있으며 또 자연스러워서 호랑이의 무늬가 크고 아름답게 빛나는 것에 비견된다는 뜻으로 읽을 수 있다.

혁괘에서 좀 더 주목하고 싶은 것은 맨 위에 있는 상효(上爻)의 내용이다. 『주역』에서 상효는 지나치게 높아서 대체로 흉(凶)을 경계하는 말들이 쓰여 있지만, 혁괘의 경우는 좀 다르다. "군자는 표범과 같이 변하여 그 문채가 아름답고, 소인은 낯빛을 고쳐서 순하게 따른다"고 한다. 오늘날은 '표변한다'는 말이 부정적인 의미로 쓰이지만, 『주역』에서 '표변'은 범의 무늬보다는 작지만 아름답게 빛나는 표범의 무늬로 상징되는 군자의 변화를 뜻한다. 맹자는 탕왕과 무왕은 '본래부터 타고난 본성대로 행한 이'가 아니라, '노력해서 본성을 회복한 이'라고 하였다. 대인이라기보다는 현인·군자의 수위(首位)에 있다는 뜻이 된다. 혁괘로 본다면 상효의 표변하는 군자에 해당한다.

혁괘는 혁신과 개혁의 리더로 대인과 군자를 지목한다. 사회변혁의 바탕에는 반드시 인격을 갖춘 지도자가 있어야 함을 말하고 있다. 『논어』에서 공자가 군자란 어떤 사람인가를 묻는 제자의 질문에 공자가 답한다. "자신을 닦아서 남을 편안하게 하는 사람", "자신을 닦아서 백성들을 편안하게 하는 사람"이다.

혁명을 이끄는 자의 '나 닦음[修己]'은 필수적이다. 인격을 갖추지 못한 이들에 의해 주도되는 혁명은 경직된 이데올로기이거나 집단적 탐욕의 결과물이기 쉽다. 변혁의 도리에 있어서 중요한 것은 자기 자신의 혁명이다.

뜻이 있는 곳에 길이 있다

율곡 이이는 국가 시무(時務)의 요체는 창업(創業), 수성(守成), 경장(更張)의 세 가지라 보았다. 창업은 새 나라를 건국하는 것이고, 수성은 이미 정비해 놓은 법제에 따라 운영하는 것이다. 경장은 세월의 흐름에 따라 법제의 폐단이 누적되고, 사회적 기풍이 흐트러져 국가다운 모습을 잃었을 때 행하는 일대 개혁을 말한다. 창업은 말할 것 없이, 경장 역시 대단히 어려운 일이 아닐 수 없다. 율곡 역시 고명한 식견을 갖춘 이가 아니라면 경장을 해낼 수 없다고 말한다.

그러나 율곡은 이 시대에 인재가 없다는 푸념에 대해 '진실로 인재를 구하려는 성의가 있느냐'고 되묻는다. 국가의 지도자가 "도를 배우고 어진 이를 좋아하며, 창생을 구제할 뜻을 세우고 인재를 구했는데도, 인재를 구하지 못해서 정치를 못한 일이 있었는가?"라고 반문한다. 인물은 다른 시대에서 구해올 수 있는 것이 아니다. 율곡은 "배우는 것이 도가 아니요, 좋아하는 것이 어진 이가 아니기 때문에, 도에서 더욱 이탈되고 인재도 더욱 멀어지는 것"이라 지탄한다. 사는 집의 기둥이 썩어 무너지려 하는데, 가까운 곳에 목수가 없다고 핑계를 대면서 집이 무너지기를 기다릴 사람은 없다. 무슨 수를 써서라도 목수를 구해올 것이듯, 국가의 병폐를 고치는 것도 다를 바 없다고 한다. 요컨대 뜻이 있는 곳에 길이 있다는 말이다.

　오늘날 우리는 수많은 우환을 안고 있다. 그러나 역사를 돌이켜 보면 종류가 달랐을 뿐 우환이 없었던 때는 없었다. 『주역』에 "같은 소리는 서로 응하고, 같은 기운은 서로 구한다"라고 하였다. 또한 "군자가 집 안에서 하는 말이 선하면 천리(千里) 밖에서도 호응한다"라고도 하였다. 우리 사회의 모든 위기에 대해 우환의식(憂患意識)을 지니고 곳곳에서 참되게 노력하는 '사람'들이 있음을 생각하며, 그 결실들이 한데 모여 새로운 차원의 세상을 열어갈 수 있기를 기원해 마지않는다.

8

정괘(井卦):
덮개 없는 우물로 생명을 살리는 뜻

우물[井]

우물에 대한 추억

어릴 적 할머니 할아버지와 함께 살던 시골 마을에는 수도가 들어오지 않았다. 마을 중간에 우물이 있었다. 할머니 댁 울 안에도 우물이 있었기 때문에, 동네 샘터로 물을 길으러 갈 일은 없었다. 그저 동네 아이들과 샘터에서 장난치며 놀던 일, 도르래로 물을 길어 올려 쌀도 씻고 빨래도 하시던 할머니 옆에서 나도 돕겠다며 훼방을 놓았던 일들이 아련하게 기억의 한 자락으로 남아 있다. 이후 집마다 펌프가 설치되고 수도가 들어오면서 우물은 다 사라졌지만, 우물에는 펌프와 수도가 대신할 수 없는 오랜 서사와 서정이 스며 있다.

우물가에는 급히 먹다 체할세라 목마른 길손에게 버들잎 놓아 물바가지 내미는 지혜로운 소녀가 있다. 물 한 모금 청하는 나그네

『주역』 정괘(井卦) 첫머리에는 "마을을 바꾸어도 우물은 바꿀 수 없다"라는 말이 나온다.

에게 그가 몰고 온 낙타들에게까지 물을 떠서 먹이는 엽렵한 아가씨도 등장한다. 예수가 "내가 주는 물을 마시는 자는 영원히 목마르지 않으리라"는 말씀을 선포한 것 역시 우물가에서의 일이다. 불교에도 전생에 정성껏 복을 지은 이가 다시 태어나자 몸이 금빛으로 빛나며, 그 자리에 우물이 솟아났다는 설화가 있다. 급수공덕(汲水功德)이라 한다. 우물은 복 있는 이가 만인의 생명을 살리는 대표적 매개라 하겠다.

동북아시아에도 고대로부터 내려오는 우물에 대한 장대한 서사가 있다. 『주역』의 마흔여덟 번째 괘인 정괘(井卦), 곧 '우물' 이야기이다.

우물, 잃음도 얻음도 없이 누구나 쓰는 물건

고을은 바꾸어도 우물은 바꿀 수 없다.

잃음도 없고 얻음도 없이

오고가는 이가 우물을 우물로 쓴다.

"개읍(改邑) 불개정(不改井)", "마을은 바꾸어도 우물은 바꿀 수 없다"『주역』정괘(井卦) 첫머리에 나오는 말이다. 사람이 사는 데 '물'만큼 긴요한 것이 없다. 예전에 마을을 정할 때나 도읍을 정할 때 물의 소재와 이로움을 먼저 찾은 것은 당연한 일이다. 그러나 사정이 생겨 주거지를 옮겨갈지라도 우물까지 가져갈 수는 없다. 우물은 그 자리에 있는 것이다. 누가 살든 누가 먹든 말이다. 많이 먹는다고 줄지 않으며, 그저 두더라도 넘치지 않는다. 그래서 우물은 잃고 얻음이 없이 그 모습대로, 오고 가며 찾는 이들의 소용이 된다. 이러한 우물의 공덕을 정괘에서는 "우물은 길러주되 다함이 없다"라고 하였다. 물을 마시는 생명들을 길러주되 바닥나는 일 없이 덕을 이어가기 때문이다.

그렇지만 누군가 그 물을 마시고자 한다면 와서 길어 먹어야 한다. 또한 두레박을 위로 끌어올리지 못하거나, 두레박을 깨버린다면 물은 먹을 수 없다. 누구에게나 거절함 없이 내어주는 우물이지만, 스스로 구하려는 노력 없이는 먹을 수 없다.

『주역』의 산수(山水) 몽괘(蒙卦, ䷃)에 유사한 교훈이 있다. 몽괘는 위는 산(☶)이고, 아래는 물(☵)이어서, 산 아래 샘이 솟는 모양이다. 몽(蒙)은 '어리다', '어리석다'는 뜻이다. 몽매함에서 벗어나려면 스스로 발심하여 스승을 찾을 일이다. 남이 대신 깨우쳐 줄 수 없다는 것이 몽괘의 가르침이니, 목마른 자 스스로 물을 길어 먹어야 한다는 정괘의 이야기와 일맥상통한다.

덮개 없는 우물로 서로의 삶을 기르고 돕는다

정괘(井卦)

"우물을 긷는데 (뚜껑을) 덮지 않으니, 미더움이 있어서 크게 길하다."
"크게 선하고 길한 것은 (우물의) 위쪽에 있으니,
크게 이루어서이다[大成]."

정괘(井卦)의 절정은 바로 맨 위, 상효(上爻)에 있다. 우물의 공덕은 뭇 생명들이 위로 퍼 올린 그 물을 먹는 데 있다. 그러니 특정인만 먹을 수 있도록 우물의 뚜껑을 덮어서는 안 된다. 산속의 옹달샘, 흐르는 강물은 누구의 소유도 아니며 마시는 자의 것이다. 이것이 우물의 본질이다. 가리지 않고 누구나 먹여 뭇 생명을 살리는 우물의 덕성이야말로 사람이 배워야 할 교훈이다.

정괘 상효 "미더움이 있어서 크게 길하다"는 이를 두고 하는 말이다. "미더움이 있다"는 '유부(有孚)'이고, "크게 길하다"는 '원길(元吉)'이다. 부(孚)는 어미 새가 발톱으로 알을 움켜쥐고 품어서 새끼가 잘 부화하도록 지키고 있는 모습이며, 원길(元吉)은 보통의 길함을 넘어 크게 선하고 길하다는 뜻이다. '으뜸'의 뜻인 원(元)은 『주역』에서 생명을 살리는 어진 덕성을 뜻하는 말로 쓰인다. 건괘(乾卦)에서 "원은 선(善) 가운데 으뜸이다"라고 하였듯이, 덮개 없는 우물은 뭇 생명을 살리는 일을 "크게 이루기에" 원길(元吉)이라고 『주역』은 말한다.

이러한 정괘의 도리가 정치를 만나 이루어진 제도가 바로 정전법(井田法)이다. 고대의 이상적 세법이라 일컫는 정전법의 '정(井)' 자는 우물에 둘러친 격자 모양인 井에서 그 의미를 취한 것이다. 정전법은 여덟 가구가 토지를 균등하게 9등분하여 각자 1분씩 균등하게 취하고, 그 나머지 1분을 여덟 가구가 공동 경작해 세금을 내는 방식이다. 우물이 품은 평등한 생명살림과 무궁하게 베풀어 기르는 뜻이 조세법으로 이어지고 있음이 흥미롭다. 정괘에서는 "군자가 정(井)의 모습을 본받아 백성을 위로하며 서로 돕기를 권면한다"라고 하였으니, 정전법이 그 대표적 사례라고 할 것이다. 조선 중후기의 학자 김도(金濤, 1580~1646)는 정괘를 통해 정치를 논평했다.

> "우물은 인민을 기르기 위한 것이다. 마을 가운데 큰 우물이 있으면 사람들이 의지해 생활하고 길러지니 우물의 쓰임새가 어찌 크지 않겠는가! … 군자가 그 형상을 본받아 백성을 위로하고 돕기를 권면하여 서로 살리고 서로 기르는 방도를 두게 되니 백성을 양육하는 바가 크다. 후세에는 그렇지 못해 자신만을 기르고 백성을 기르는 도를 알지 못한다. 백성을 깎아 자기를 받들게 하여 나라도 따라서 망하니 애통하도다."
>
> –『주역천설(周易淺說)』

물 한 그릇 마시며 마음을 쉬어가는 샘터, 휴심정(休心井)

『성경』에 보면 유대인 예수가 사마리아 지역을 지나던 중 한 우물가에서 쉬면서 사마리아 여인에게 물을 달라 청하는 장면이 나온다. 이 장면은 참 많은 이야기를 담고 있다. 당시 유대인과 사마리아인은 상종하지 않는 사이였으므로 예수의 행보는 이례적이다. 그러나 그 우물은 유대인과 사마리아인의 공동 조상인 야곱의 시대로부터 내려온 샘물이었으니, 조상의 샘터에서 물 한 바가지 청한들 어떠하랴. 기록대로라면 그 우물은 거의 2,000년 동안 후손들의 삶을 지켜온 셈이다. 그 유서 깊은 우물가에서 예수는 "내가 주는 물을 마시는 자는 영원히 목마르지 아니하며, 그 물은 그의 속에서 영원한 삶에 이르도록 솟구치는 샘물이 될 것이다"라고 선언한다. 진리의 생명수는 지역과 족속, 옛날과 지금을 넘어 갈구하는 자의 목마름을 적셔주며, 그 소식이 마중물이 되어 멸하지 않는 샘의 원천이 내 안에서 솟아나기에 다시 목마르지 않을 것이다.

『맹자』의 한 구절이 떠오른다. "바다를 본 사람에게는 물 이야기를 하기 어렵고, 성인의 문하에서 노닌 사람에게는 다른 말을 하기 어렵다." 영혼을 휘어 감는 진리의 소식을 접했을 때의 감격을 바다를 처음 본 사람이 느낄 충격과 감동에 비유한 것이겠다.

17세기의 학자 이민구는 『지봉유설』을 지은 이수광의 아들이다. '구도장원공'으로 불린 율곡 이이 이후 처음으로 세 번 장원을 한 보기 드문 수재였다. 이민구는 어린 시절 바위 아래에서 물이 솟는 것을 보고, 동네 아이들을 불러다 같이 샘을 팠다. 그로부터 53년 뒤 그곳을 다시 지나게 된다. 그 샘이 이미 고색창연해졌음에도 여전히 물을 길어 마시는 모습을 보고는 다음과 같은 시를 지었다.

그 시절 깊은 샘 새로 팠더니,
이제 오십 해가 흘렀구나.
돌샘의 시원한 물 줄지 않았건만,
거기 비친 늙은이는 누구이던고.
– 『동주집』

생의 후반기 15년간을 유배지로 떠돌다 돌아와 이 우물을 다시 보았을 때 어떤 마음이었을까? 어린 시절 만들어 놓은 우물이 반세기가 넘도록 청량한 물을 내어줄 줄은 그도 몰랐을 것이다. 아마도 그 우물은 그 후로도 오래오래 목마른 자들의 목을 적셔주었으리라.

길손들이 잠시 마음을 내려놓고 청량한 물 한 바가지 달게 마시며 쉬어가는 이 휴심정(休心井)˙의 샘터가 오래오래 남아 있기를, 그래서 내 안의 샘의 원천이 솟구칠 마중물 한 그릇을 내어주는 덮개 없는 우물로 길이 남기를 축원한다.

● 　이 글은 한겨레 '휴심정(休心井)' 주인장 조현 기자의 퇴임을 기리며 쓴 글입니다.

간괘(艮卦)는 동북방의 괘이니, 만물이 마치는 곳이고 시작하는 곳이다.
그러므로 "간방(艮方)에서 이룬다"라고 하였다.
- 「설괘전」5장

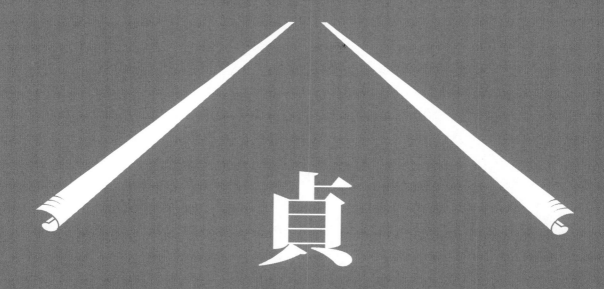

貞

더 나은 삶을 꿈꾸며

1

나와 나의 관계가
출발이다

세상에서 제일 중요한 관계

세상살이에서 참 어려운 일로 꼽히는 하나가 사람과 사람의 관계이다. 직장생활에서 큰 애로사항으로 꼽히는 것도 매일 보아야 하는 사람들과의 원만한 관계 유지이다. 오죽하면 이 세상에서 큰 괴로움 중의 하나가 보기 싫은 사람을 계속 보아야 하는 괴로움이라 하겠는가. 그래도 직장에서의 인간관계 문제는 부서를 이동하거나 직장을 바꾸는 식으로 출구를 모색할 수도 있지만, 친구 더군다나 가족 관계라면 문제의 심각성은 차원을 달리한다. 그런데 많은 이들이 간과하는 보다 큰 관계의 문제가 있으니, 나와 나의 관계이다.

우리는 남이 나를 어떻게 바라보느냐에 따라서 나 자신을 그렇게 규정하기가 쉽다. 또 일상에서 곁의 사람과 영향을 주고받으며 살기 때문에, 타인의 인정과 세상의 평가를 중요하게 여긴다. 특히 나이가 어릴수록 주변인들의 나에 대한 평가는 원만한 인격 형성에 큰 영향을 미친다. 문제는 그 평가의 기준이 무엇이냐이다. 또 내가 자신을 평가하는 기준을 오롯이 남들의 평가에 기댄다는 데 있다. 공부를 잘해서 칭찬받고, 누구나 알아주는 명문대학에 들어가서 남들의 부러움을 산다. 많은 연봉이 보장되는 직장에 취업을 성공하고, 좋은 조건의 상대와 결혼도 한다. 권세를 휘두를 수 있는 높은 관직을 욕망하기도 한다. 그러면 공부도 잘하지 못하고, 명문대 진학도 못 하고, 높은 연봉도 못 받고, 평생 높은 자리 근처도 못 가보는 나는 무엇이란 말인가. 설령 남들이 다 부러워하는 엄친아로 살았다 하더라도, 어느 날 그런 조건이 사라진다면 내게는 무엇이 남는가.

남들이 피상적으로 규정하는 내가 정말 나인가? 나는 나 자신을 진지하게 공부해 본 적이 있는가? 평생 나를 위하는 선택을 하고 살아왔지만, 그것은 정말로 나를 위한 선택이었는가? 돌아보면 십수 년 이뤄진 교육 과정 동안 나는 나를 탐구하는 법을 배운 적이 있던가?

세상에서 제일 중요한 관계는 나와 나의 관계이다. 그것이 모든 관계의 출발이기 때문이다. 생각해 보자. 지금 나는 나와의 관계가 편안한가? 매일 눈을 뜨면 제일 먼저 만나는 내가 반갑고 좋아야지, 나를 만나고 싶지 않아 눈을 뜨기 싫고, 나와 함께 살아가야 할 하루의 시간이 두렵기만 하다면, 세상에 이보다 심각한 문제는 없다.

누군가가 나를 비난한다면, 지나가는 화살은 그냥 지나가게 두자. 굳이 주위가며 내 가슴에 꽂히게 하지는 말자. 세상과의 관계에서 상처받지 않을 영혼은 없다. 자신이 스스로 못마땅하게 여겨지더라도, 그래도 괜찮다고 다독이며 자신을 따스하게 품을 필요가 있다. '내일은 조금 더 나아지면 되지…' 이런 식으로 말이다. 나는 나름대로 좋은 사람인 것이 분명하니까. 내가 그동안 정말 형편없이 살았다는 자각도 괜찮다. 거기서부터 출발하면 되니까 이제 좋아질 일밖에 없지 않은가. "과실을 잘 보충하면 허물없는 삶을 살 수 있다[无咎者, 善補過]"는 것이 『주역』이 주는 위로와 희망이다. 내가 나를 긍정하는 것, 이것이 세상에서 제일 중요한 일이다.

소크라테스는 "너 자신을 알라"는 말로 유명하다. 그리스 신전에 쓰여 있던 이 글귀는 본래는 인간에게 '네 분수를 알고 설치지 말라'는 신의 경고였다. 그러나 소크라테스는 이 말을 자기 자신을 공부의 대상으로 삼으라는 뜻으로 전환하였다. 나 자신을 공부하라는 이 충고는 동서를 넘어 인류 스승들의 공통된 외침이다. 공자는 이렇게 말했다.

> "옛날에 공부하던 이들은 자신을 위하는 공부를 했는데[爲己之學], 요즘 공부하는 이들은 남들이 알아주는 공부를 한다[爲人之學]."

'위기지학'과 '위인지학'의 의미는 읽는 이의 관점에 따라 차이가 있지만, 퇴계 선생의 독법을 따르자면, '위인지학'은 세상이 알아주고 남들이 부러워하는 영예를 얻기 위한 공부를 말한다. 그것은 세상을 편안하게 살아가는 데 도움이 될 수는 있지만, 내가 누구인지를 아는 데에는 별로 도움이 되지 않는다. 즉 자신의 심신(心身)을 닦는 일과는 별 관계가 없다. 퇴계는 사람의 평생 공부는 '위기지학'일 뿐이라고 하였다.

나와 나의 관계가 편안하면 남들도 편안하다

『논어』에 이런 대목이 있다. 배포가 크고 용맹하며 성미가 급해서 종종 내놓고 대들기도 하는 제자 자로와 공자의 대화이다.

> 자로: 군자는 어떤 사람입니까?
>
> 공자: 경(敬)으로 자신을 잘 닦는다[修己以敬].
>
> 자로: 그것뿐입니까?
>
> 공자: 자신을 잘 닦아서 남을 편안하게 한다[修己以安人].
>
> 자로: 그것뿐입니까?
>
> 공자: 자신을 잘 닦아서 백성을 편안하게 한다. 자신을 잘 닦아서 백성을 편안하게 하는 일은 요순 같은 성왕도 어렵게 여기신 일이다[修己以安百姓].

보통 "수기치인(修己治人)"이라고 하지만, 『논어』에는 그런 표현이 없다. 대신에 "수기안인(修己安人)"이 있다. "나를 닦아서 남을 다스린다"라고 하지 않고, "남을 편안하게 한다"라고 했다. 또 "나를 닦아서 백성을 편안하게 한다"라고 했지, "나를 닦아서 백성을 다스린다"라고 하지 않았다.

나와 나의 관계가 편안하면 곁의 사람들도 편안하다. 『중용』에는 "군자의 도는 부부의 관계로부터 시작된다"라고 하였다. 다른 이를 사랑하려면 나부터 참으로 아끼는 데서 시작할 일이다. 부부의 관계도 남편과 아내의 마음이 먼저 안정되고, 평소 몸가짐이 편안하면 부부가 화목할 것이다. 부부가 화목한데 자녀들이 잘못될 일은 거의 없다. 반대의 경우 어떤 일이 벌어질지 쉽게 짐작할 수 있는 일이다.

나와 나의 관계 정립이란 몸과 마음 모두에 걸친 일이다. 나는 정서적으로도 나를 아껴줘야 하지만, 나의 몸도 아껴줘야 한다. 폭식, 폭음, 폭언, 폭행은 모두 금해야 할 일이다. 쉽게 분노를 폭발하는 일도 정서적으로 나를 학대하는 일이다.

턱을 움직여 음식물을 씹는 모양인 『주역』의 이괘(頤卦, ䷚)에서는 "말을 신중하게 하고, 음식을 조절해서 먹는다"고 했다. 덜어냄을 뜻하는 손괘(損卦, ䷨)에서는 "성냄을 징계하며 욕심을 막는다"고 했다. 이런 일들은 맹목적 금욕이 아니라 내가 나를 아끼는 중요한 방법이다. 일이 잘 안 풀리는 시간이 생각보다 길더라도 건강하게 먹고 마음을 편안히 해서 때를 준비해야 한다. 나와 나의 관계가 잘 세워졌을 때, 그 건강한 관계는 나와 가족, 친구, 이웃, 동료, 사회, 역사, 자연, 운명, 미래, 우주로 확장되어 나갈 수 있을 것이다.

이괘(頤卦)	손괘(損卦)
愼言語 節飮食 신 언 어 절 음 식 "말을 신중하게 하고, 음식을 조절해서 먹는다."	懲忿窒欲 징 분 질 욕 "성냄을 징계하며 욕심을 막는다."

내 안에는 나만 있는 것이 아니다

『주역』의 관점에서 나는 원자적, 단자(單子)적으로 이 세상에 던져진 존재가 아니다. 헤아릴 수 없이 많은 인연이 오묘하게 얽혀서 내가 태어났다. 전생에서의 발원으로 이생에 태어난다는 설명법도 있기는 하지만, 누구도 삶의 조건과 환경을 선택해서 태어난 사람은 없다. 그것은 나를 낳아준 부모도 마찬가지이다. 다만 내 부모의 부모가, 또 그 부모가 없었더라면 나는 태어나지 않았을 것이다. 거창하지만 지구가 없었더라면, 우주가 없었더라면 나는 존재하지 않는다. 나는 다른 나라 사람이 아니라 한국 사람으로 태어났기 때문에, 한국인으로서의 사회 의식과 역사 의식을 지닌다. 물론 의식적 성찰을 거쳐 동아시아인으로서, 지구인으로서의 정체성을 가질 수 있다.

어찌 되었든 나는 주변과 관계없이 단독적인 나로 존재하는 것이 아니라, 저 과거로부터 먼 미래까지 이어지는 역사적 흐름 속에, 이웃 사회와 인류, 지구와 우주로 확장되는 공간 속에 내 존재의 좌표가 있다. 그러니 내 안에는 나만 있는 것이 아니다. 부모가 있고, 형제가 있으며, 이웃이 있고, 인류가 있으며, 함께 어울려 살아가는 뭇 생명이 다 들어 있다. 내 안에는 인류의 역사, 우주의 역사가 들어 있다. 나는 사적 존재이지만 공적 존재이기도 하다. 공적 존재이기도 한 나를 멋대로 함부로 해서는 안 되는 것이다. 맹자는 "만물이 내 안에 다 갖춰져 있다[萬物皆備於我]"고 했는데, 그 말의 뜻을 위와 같이도 읽을 수 있겠다.

『주역』이 말하는 천지인 삼재의 인간 역시 내가 우주적 존재임을 말한다. 나를 비롯한 만물은 모두 하늘과 땅이라는 부모에게서

주역周易의 눈

태어난 형제자매가 아니던가.

사람과의 관계, 세상과의 관계에서 때로 깊은 상처를 입기도 하지만, 그 상처가 치유되는 것도 사람과의 좋은 관계, 세상과 좋은 관계를 통해서이다. 내가 나를 잘 기르려 마음먹는다면 그 노력은 반드시 성공한다. 내가 나에게 발산하는 긍정의 마음은 주변의 감응(感應)을 일으킨다.

『주역』에 "같은 소리는 서로 호응하고[同聲相應], 같은 기운은 서로를 구한다[同氣相求]"라고 했다. 또 "군자가 방 안에서 하는 말이 선(善)하면, 천리 밖에서도 호응한다"라고도 했다. 나의 중심이 잘 서 있다면, 전혀 외롭지 않다. 공자 말씀에도 "덕은 외롭지 않으니, 반드시 이웃이 있다"라고 했다. 내가 나를 잘 세우고, 잘 가꾸는 것, 이것이 세상에서 제일 중요한 공부이다.

2

술은 어떻게 마셔야 할까?

술이 필요할 때

학부 시절, '한국철학 원전 강독' 시간이었던가? 설총의 「화왕계」
를 읽었다. 그 가운데 "차와 술로써 정신을 맑힌다"는 대목이 있었
다. 차를 마셔서 정신을 맑게 하는 것이야 그렇겠지만, "술로써 정
신을 맑힌다"는 말은 이해가 되지 않았다. 술은 정신을 흐리게 하
는 것이 아닌가? 이 대목이 내내 이상했다.

　　전통사회에서 술은 중요한 의식에 빠질 수 없는 요소였다. 관
례, 혼례, 상례, 제례에 모두 술을 맛보거나 올리는 순서가 있다. 관
례나 혼례에서 대상자가 술을 마시는 것은 성인으로 옮겨가는 일
종의 의례라 하겠지만, 대체로 의례에서 술의 기능은 화합과 소통
인 것 같다. 반으로 자른 표주박에 신랑 신부가 서로 술을 나누어

마심으로써 이제 온전하게 하나가 된다는 뜻을 담은 것도 그러하고, 제사에 술을 올려 신(神)과 사람의 소통을 기원하는 것도 그러하다. 제사에 올린 술을 나누어 마시며, 이를 '복을 마신다'고 해서 음복(飮福)이라고 한다. 『논어』에 "예(禮)를 씀에, 화합을 귀하게 여긴다"고 하였다. 술이야말로 화합을 이끄는 탁월한 촉매일 것이다.

　　세월이 흐르면서 "술로써 정신을 맑힌다"는 말을 이상하게 여겼던 생각은 어느덧 삶의 긴장과 얽매임을 풀어주고, 다시 용기를 얻게 해주는 매개로써 음주(飮酒)의 효용을 긍정하는 쪽으로 향하게 되었다. 그러나 심신을 화락하게 하는 정도에서 음주를 그치기란 그리 만만한 일이 아니다. 그것이 문제이다.

　　『주역』에 술에 대해 언급한 곳이 많은 것은 아니다. 하지만 몇 가지 사례에서 술의 쓰임에 관한 『주역』의 권고를 충분히 들어 볼 수 있다. 『주역』에 "북치고 춤추며 신명을 다한다[鼓舞盡神]"는 구절이 있다. 『주역』은 세계를 인식하는 데 있어서 합리적 이성 활동으로 이치를 따져 들어가는 길, 즉 궁리진성(窮理盡性)을 한 축으로 제시하는 한편, 다른 방향으로는 가무(歌舞)를 통한 일종의 영성적 통로를 열어 두었다. 북치고 춤추는 데 노래가 없을 리 없고, 그 마당에 술이 함께 해서 흥취를 돋우는 것이 자연스럽지 않은가? 『주역』은 술을 금기시하지 않는다. 잘 활용해야 함을 당부한다.

음식(飮食)과 식음(食飮)의 차이

『주역』에 보이는 술의 용도로 주요한 것은 역시 제사와 의례이다. 51번째 괘인 진괘(震卦)에는 100리까지 놀라게 할 만큼 무섭게 천둥이 치는 상황에서도, 종묘의 제사를 맡은 사람은 정신을 바짝 차려 '울창주'를 꼭 쥐고 놓치지 않는 모습을 묘사하고 있다. '울창주'는 국가의 최고 제례에 쓰이는 귀한 술이다. 29번째 괘인 감괘(坎卦, ䷜)는 중첩된 두 개의 구덩이(☵)에 빠져 있는 위급한 정황을 묘사한다. 이 어려움을 타개하고자 임금에게 알현을 청할 때 올리는 예물이 소박한 질그릇에 담긴 술 한 병과 간단한 음식이다. 소박한 술 한 병에는 자신을 낮추어 절박하게 진심을 호소하는 의미가 담겼다. 울창주나 한 동이의 술이나 모두 진실한 소통과 정성의 뜻을 담고 있다.

이렇게 경건하게 쓰이는 술의 용도가 있는가 하면, 『주역』에는 즐겁게 먹고 마시는 술 이야기도 있다. 5번째 괘인 수괘(需卦, ䷄)의 "먹고 마시며 잔치를 즐긴다[飮食宴樂]"가 그것이다. '수(需)'는 '기다린다'는 뜻이 첫 번째이다. 수괘의 의미는 "때를 기다리면서, 편안하게 먹고 마신다"가 되겠다. 수괘의 괘 모양 ䷄은 하늘(☰) 위에 물(☵)이 있으니, 풀이하자면 땅의 물이 하늘로 올라가 구름이 되어 있는 형국이다. 음과 양이 교섭하여 비가 시원하게 내려야 하는데, 아직은 구름만 잔뜩 끼어있는 모양새다. 누군가 점을 쳐서 수괘를 만났다면, 구름이 비가 되어 내릴 때를 기다리며 편안하게 먹고 마셔서 몸과 마음을 튼튼하게 기를 일이다.

음식(飮食)은 '마시고 먹는다'는 뜻이다. 무엇을 마시는 것일까? 학산 이정호 선생은 음식연락(飮食宴樂)에서 마시는 것은 물이 아니라 술이라고 보았다. 물이야 당연히 먹는 것이니, 식(食)자에 이미 물은 포함되어 있다는 것이다. 술이 있어야 음식이 되고, 잔치가 되며 즐겁게 된다. 다만 글자 순서를 바꾸어 식음(食飮)이라고 하면, 이때는 물을 마시는 것이라고 보았다. '식음을 전폐한다'라고 하지 '음식을 전폐한다'라고는 하지 않는다. 마침 수괘에서는 "먹고 마시며 잔치를 즐긴다"라고 하고, 또 "술과 음식을 먹으며 기다리니[需于酒食] 바르게 하면 길하다[貞吉]"라고 한다. 잔치에서 마시는 것이 '술'이라는 근거를 더해준다.

수괘에서 술은 성공의 기쁨을 만끽하는 잔치에서의 음주가 아니다. 일이 이루어질 조짐은 있으나 아직 때가 이르지 않아 대기 상태일 때, 바르게 마셔서 몸과 마음을 기르는 방편의 하나이다. 사람이 무언가를 기다릴 때는 초조하고 불안하여 조바심을 내기 마련이다. 음식을 제대로 먹지 못하거나 과음이나 폭음으로 몸과 마음을 해치기 쉽다. 수괘는 '기다림'의 도리를 알려준다. 술과 음식을 적절하게 먹고 마셔 자신을 조화롭게 기름으로써 다가올 때를 대비하라는 것이다.

"술을 마심에 미더움을 두면 허물이 없다"

미제(未濟)

上九, 有孚于飮酒 无咎 濡其首 有孚 失是
상구 유부우음주 무구 유기수 유부 실시

상구, 술을 마시는 데 미더움을 두면 허물이 없으나,
그 머리를 적신다면, 미더움을 두더라도 옳음을 잃을 것이다.

象曰 飮酒濡首 亦不知節也
상왈 음주유수 역부지절야

상왈, '술을 마심에 머리를 적심'은 또한 절제를 모르는 것이다.

『주역』에서 음주의 도리에 대해 직접적으로 언급한 사례가 64괘의 마지막인 미제괘(未濟卦)의 마지막 효(爻), 즉 상구(上九)에 있다. 『주역』의 마지막 구절이 음주에 대한 당부인 셈이다. "술은 마심에 미더움[孚]을 두면 허물이 없지만, 그 머리를 적시면, 미더움이 있더라도 옳음을 잃으리라." "'술을 마셔 머리를 적심'은 절제(節)를 알지 못하는 것이다."

미제괘(☲)의 구성을 보면 아래쪽은 '물(☵)'이어서 '술'로 해석되고, 위쪽은 '불(☲)'로서 밝음을 상징한다. 술을 마시되 밝게 잘 헤아려 어지러움에 이르지 않는다는 뜻을 읽을 수 있다. '술을 마시는데 미더움을 둔다'는 말은 바로 이러한 의미가 아닐까?

미제괘의 음주에 대한 옛 학자들의 해설에서 '천명을 즐긴다'는 뜻의 낙천지명(樂天知命)의 문구를 발견한 것은 다소 의외였다. 부조리하고 억울한 세상살이일지 모르나, 그러한 삶으로 인해 일그러진 모습으로 살아가지는 말자는 뜻이 담겨 있을 듯하다. 고통의 한가운데 있는 이에게 이런 말은 큰 소용이 없을지도 모른다. 하지만 한 걸음 떨어져서 자신을 돌아볼 수 있는 때가 오지 않겠는가. 머리를 적시도록 술독에 빠지는 일은 결코 탈출구가 되지 않는다.

조선 후기의 학자 한주 이진상(李震相, 1818~1886)은 "천명을 알아 스스로 믿고, 술을 마셔 스스로 즐거우니, 허물이 없다"라고 하였다. 『주역』에 "안토(安土) 돈호인(敦乎仁)"이라고 했다. "내 삶의 상황을 편안히 받아들여 인(仁)을 돈독하게 행한다"는 뜻이다. 자신의 운명을 한탄하며 술을 마실 일이 아니라, 자신의 존재 의미에 대해 믿음을 지니고 천명을 기꺼이 받아들이는 편안한 마음 바탕 위에 술을 즐기라는 의미겠다.

벼슬을 버리고 고향으로 돌아가 겨우 무릎이나 들일 초라한 집에서 마음 편히 술동이 당겨 유유자적 자작(自酌)하던 도연명(陶淵明), 그는 이렇게 노래했다.

"뜨락의 나뭇가지 바라보며 웃음짓는다[眄庭柯而怡顔]." 겸재 정선이 그린 〈귀거래사 10곡병〉 중 일부,
국립중앙박물관 소장.

"부귀도 내 바라는 바 아니요, 신선나라 가기도 기대치 않
네 … 잠시 조화(造化)의 수레에 올랐다가 이 생명 다하면
돌아가리니, 천명을 즐길 뿐 무엇을 다시 의심하랴."
　- '귀거래사'

『주역』에 수없이 나오는 '유부(有孚)', 즉 '믿음을 둔다'는 말은 궁극
적으로 자신의 존재 의미에 대한 믿음이며, 그것이 곧 '천명을 즐기
는' 길이 아닐까. 술은 그렇게 믿음의 바탕 위에 즐겁게 마실 일이다.

성현들의 술 마시기

술은 어떻게 마시는 것이 좋은가. 성현들의 술 마시기를 살펴보
는 것도 좋은 방법일 듯하다. 우선 공자의 음주법이 있다. 『논어』에
"술을 마심에 정해놓은 양은 없었으며, 어지러운 지경에는 이르지
않았다"고 하였다. 공자는 술을 적게 마실 때도 있고 많이 마실 때
도 있었던 모양이다.

　다만 기준은 "어지러움에 이르지 않았다"는 것이다. 맹자는 공
자를 일컬어 시중(時中), 즉 "때에 알맞게 하는 성인"이라고 하였는
데, 공자는 술을 마시는 일도 때에 따라 알맞게 하였나 보다. 조선
의 정조대왕은 "절주(節酒)해야 할 때는 절주를 해서 반 잔의 술이
라도 입에 대지 않고, 마시고 싶을 때는 열 말의 술이라도 고래가
바닷물 들이키듯 한다면, 이것이 '술 마심에 정해놓은 양이 없다'는
뜻이다(『홍재전서』)"라고 했다. 주량이 좀 있다는 사람들이 절주(節
酒)하지 못해 술에 부림을 당하는 세태를 질책하였다.

　중국 고대 하나라의 첫 임금인 우(禹)의 술에 대한 태도는 후대

임금들에게 길이 귀감이 되었다. 의적이라는 사람이 좋은 술을 빚어서 우임금에게 바쳤는데, 그 맛이 황홀하였다. 너무나 맛있는 술을 맛본 우임금은 "반드시 이것 때문에 몸도 망치고 나라도 망치는 일이 생길 것"이라고 하면서, 다시는 술을 입에 대지 않았고 의적도 멀리하였다고 한다.

우임금은 왕이 되기 전에 홍수를 다스리는 사업을 9년이나 하였는데, 그 일을 잘 완수하고자 자기 집 대문을 지나치면서도 한 번도 들어가지 않았다고 하는 인물이다. 그런데 후세에 그의 치수 사업보다 그가 맛있는 술을 멀리한 일이 더욱 훌륭하다고 평가되는 것은 의미심장하다. 술의 부작용을 일컬을 때 하나의 성어처럼 따라다니는 말이 있으니 '주색잡기'이다. 술을 절제하지 못할 때, 그 부작용이 어떻게 심각성을 더해가는지 그 순서를 보여준다. 역사상 '물에 빠져 죽은 사람보다 술에 빠져 죽은 사람이 더 많다'는 풍자의 서늘한 교훈을 후세의 위정자들은 깊이 새겨야 할 것이다.

3

집 이름에
삶을 담으면

집을 새로 짓는다면, 거기에 어떤 이름을 붙이면 좋을까? 살고 있는 단독주택 동네를 한 바퀴 돌아본다. 몇 년 사이 우후죽순 빌라들이 신축되더니, 이런저런 이름이 붙어있다. 큐브-웰(cube-well), 그린빌, 다복채, 우주헌(宇宙軒), 지벤하우스, H-포인트, 브릭스 타운, 리브릿지 등 대체로 뭔지 모를 이름들이 붙어있다. 옆 동네 아파트 이름들은 더 오리무중이다. 집의 이름에서 시대의 풍속도가 느껴진다.

한 대학 도서관에 학생들이 함께 토론할 수 있는 방을 두고, '붙어공부방'이라 이름을 붙였다. 『주역』 태괘(兌卦, ䷹)에 "붙어있는 연못이 태(兌)이니, 군자가 이를 본받아 벗들과 강습한다"라고 한 뜻을 우리말로 풀어쓴 것이다. 두 개의 못(☱ + ☱)이 붙어있으면서

남명 조식의 '산천재(山天齋)'는 『주역』의 대축괘(大畜卦)에서 이름을 취했다.
덕천서원 산천재. ⓒ한국민족문화대백과사전

서로 물을 주고받듯이 벗들이 함께 절차탁마하는 기쁨이 느껴진
다. 태괘에는 '기쁘다'는 뜻도 있다.

　옛사람들은 건물을 지으면 그에 합당한 이름을 짓는 게 관례
였던 모양이다. 궁궐 전각의 명칭부터 근정전(勤政殿), 사정전(思政
殿), 인정전(仁政殿)이라 하여 좋은 정치를 염원하는 뜻을 담았다. 도
서관 또는 학술 연구기관인 존경각, 규장각, 장서각 등은 오늘로 이
어져 쓸모를 다하고 있다. 이름을 붙일 때 근거는 대체로 고전에서
취한다.

　정약용의 '여유당(與猶堂)'은 『노자』의 "겨울 냇물 건너듯 사방
을 두려워하듯 하라"는 뜻을 가져온 것이고, 남명 조식의 '산천재
(山天齋)'는 『주역』의 대축괘(大畜卦, ䷙)에서 취했다. 하늘이 산 가

운데에 있듯이, 그 기상을 닮은 국가 동량을 길러낸다는 뜻을 지녔다. 추사 김정희는 거실 편액을 '척암(惕庵)'이라 하였다. 『주역』 건괘(乾卦) 삼효의 "군자가 종일토록 힘쓰고 힘써 저녁까지도 두려워[惕]하면, 위태로우나 허물이 없다"를 취하여, 행여 나태해질까 두려워하며 수양하는 뜻을 담았다. 옛사람들은 국가기관으로부터 선비의 초당에 이르기까지, 그 집의 이름짓기에 참 진심이었다.

마음이 일어나는 그 순간의 기미를 포착하라

간이(簡易) 최립(崔岦, 1539~1612)은 선조 대에 문장으로 명성을 떨친 인물로 『주역』에 조예가 깊었다. 간이(簡易)라는 호에서부터 『주역』의 향취가 난다. 『주역』에서 '간(簡, 간단함)'은 땅의 성능을 나타내고, '이(易, 쉬움)'는 하늘의 성능을 나타낸다. 천지의 도리는 쉽고 간단하다는 말이다. 또 "천지[易簡]의 선함은 성인의 지극한 덕과 짝을 이룬다"라고 하였다. 최립은 간이(簡易)라는 호를 쓰면서 천지의 선(善)함을 닮아가기를 희구하였나 보다. 오늘날에도 그 말은 간이식당, 간이역 등으로 쓰이고 있다. 용도에 비해 이름에 담긴 뜻이 거창하지만 말이다.

최립의 벗 윤사숙이 조그만 집을 지어 연기당(研幾堂)이라 이름을 짓고 그에게 글을 지어달라 청하였다. '기미를 잘 살핀다'는 뜻의 연기(研幾)는 『주역』에 나오는 말이다. 성인(聖人)은 천지만물의 이치를 깊이 연구하고, 일의 기미를 잘 살펴 능력이 신묘하며, 이 세상의 일들을 잘 결단하고 처리할 수 있다고 했다. 이것은 성인의 경우이다.

공부하는 사람의 관점에서 연기(研幾)는 고요한 마음에 움직임이 일어나는 순간, 기미를 잘 포착해내는 공부를 말한다. 『주역』에서는 "무사무위(无思无爲)", 인위적인 사려나 행위가 없다면, 다시 말해 '진실함[誠]'을 유지한다면 고요히 움직이지 않는 본래의 마음 상태를 지킬 수 있다고 한다. 모든 사람의 본래 마음은 맑고 밝고 참된 것이기에, 고요하게 있는 본래 마음에는 악이 없다. 악은 언제 생기는가? 어떤 자극이 들어오면 사람의 마음이 그것을 느껴 반응이 일어난다. 그 순간에 선과 악의 갈림이 생긴다. 마음이 일어나려고 하는 순간이 바로 '기(幾)'이다. 그 순간 나의 마음이 선으로 향하는가 악으로 향하는가? 그 미세하기 짝이 없는 기미를 잘 살피는 것이 연기(研幾)이다. 최립은 '기미'를 살피는 일의 중요성을 이렇게 말한다.

"샘물을 끌어다가 바르게 흐르도록 하려면, 반드시 그 물이 아직 흐름을 형성하기 전에 조처해야 한다. 일단 동쪽으로 흘러가거나 서쪽으로 흘러간 뒤에는 돌이킬 수 없다는 점을 명심해야 하는 것과 같다. 그러니 그 기미를 어찌 자세히 살피지 않을 수가 있겠는가!"

드러난 현상을 살피기는 쉬워도 아직 드러나지 않은 조짐을 알아차리기란 어려운 법이다. 명상도 좋고 정좌(靜坐)도 좋다. 평소에 마음을 고요하게 하고 평정을 유지하려는 노력과 훈련이 필요하다. 나의 본래 마음을 놓치지 않도록, 또 잘 보존하도록 공력을 쏟아가면 자신도 모르는 사이 성인의 연기(研幾)에도 다가갈 수 있지 않을까?

감추어 조용히 기름이 드러남의 근본

대동법을 주창한 김육(金堉, 1580~1658)의 집 이야기다. 김육은 30대 중반 무렵 정치에 실망한 나머지 경기도 가평에 집을 짓고 은둔해 살고자 하였다. 점을 쳐서 얻은 결과에 따라 집 이름을 '회정당(晦靜堂)'이라 했다. 점사의 내용은 한마디로 '잘 지킴[守]'이고, 풀어서 말하면 "감추어 살면서[晦處] 조용히 기다린다[靜俟]"이다. 이때 김육은 주역점을 친 것이 아니라, 당시 식자들이 공부하던 송나라 채침의 『홍범황극내편』에 제시된 전혀 다른 체계의 점을 쳤다. 그런데 당대 문장가인 그의 친구 계곡 장유가 '잘 지킴[守]'과 '회정(晦靜)'의 뜻이 『주역』 복괘(復卦, ䷗)의 의미와 상통한다고 하며, 회정(晦靜)의 뜻을 길게 풀어내었다.

복괘(䷗)는 5개 음 아래 1개의 양이 겨우 자라나기 시작한 모양새이다. 이 여리고 미미한 생명의 기운을 잘 지키는 방법은 세상에 드러내지 않고 감추어서 조용히 기르는 것이다. 깊이 쌓아 둔 밤기운이 드러나 낮이 되고, 겨울에 감추었다 봄에 펼쳐내듯이, 감추어 길러진 고요함은 움직임의 기초가 된다. 『주역』에 "자벌레가 움츠림은 뻗어나가기 위해서이며, 용과 뱀이 칩거함은 몸을 보존하기 위해서이다"라고 하였다.

장유는 김육이 감추어[晦] 조용하게[靜] 살지만, 몸을 닦고 기르는 일을 하지 않는다면 바보가 되거나 마른 나뭇등걸이 되기에 십상이라고 한다. 감추어 사는 것은 자신을 기르는 방법이지 돌보지 않는 행위가 아니다. 누가 보지 않을 때도 자신을 잘 길러 은은하게 덕이 비쳐 나오고, 조용히 거처해도 기상이 남을 감화하는 것이 회정(晦靜)의 도리라고 장유는 말한다. 고요함이 극에 이르면 움직이

강진에서 18년 유배 생활을 한 다산 정약용의 집, 다산초당.

게 되고, 숨김이 극에 달하면 드러나게 마련이다. 꾸준하게 길러온 회정의 힘은 마치 천둥과 번개가 순식간에 천지를 진동하고 번쩍이며 밝히듯 어떻게 드러나게 될지 예측할 수 없는 일이라 한다.

　김육은 스스로 은둔하였지만, 정치적 사건에 휘말려 숱하게 유배당했던 이들 역시 그 기간이 '감추어 살면서 조용히 때를 기다리는' 시간이었을 것이다. 강진에서 18년 유배 생활을 하는 동안 학문과 교육에 전념하였던 정약용이 스스로 아껴서 묘비명에도 쓴 호가 '사암(俟菴)'이다. '기다림'이라는 뜻이다.

가득 참과 비움으로 말하는 수기안인(修己安人)의 도리

『논어』에 말하였듯, 유교의 이념은 한마디로 '나를 닦아서 남을 편안하게 한다'는 수기안인(修己安人)이라 할 수 있다. 위정자로서는 자신을 잘 닦아 사람들의 삶을 편안하게 한다는 뜻이 된다. 집의 이름에도 이러한 생각이 반영된 사례가 있다.

1607년 최립이 병으로 휴직하고 평양에 머물 때의 일인 것 같다. 당시 임진왜란으로 관사와 창고가 소실되었다. 그곳 책임자인 강공(姜公)이 업무를 볼 수 있는 건물을 짓고 아울러 못을 파서 연꽃을 심어놓고는 최립에게 건물의 이름을 지어달라 청하였다. 민생을 돌보는 건물에 어울리는 작명을 요청한 것이다. 최립은 '영허당'이란 이름을 붙인다. 영(盈)은 가득 참이고 허(虛)는 비움이다. 달의 차고 기욺과 같은 자연 현상이나 사람의 마음, 세상만사를 영허로 이야기할 수 있다. 어째서 이런 이름을 붙이는가 의아해하는 강공에게 최립은 설명한다.

곡식을 추수해서 곳간에 들이면 '가득 참'이고, 백성들이 필요할 때 내어주면 '비움'이다. 곳간이 비게 되면 백성들이 다시 채워주고, 곳간이 차면 다시 백성들의 곡식이 비게 될 때 도와주게 되니, 곳간이 차고 비는 것이 백성들의 삶이 차고 비는 것과 맞물려 있지 않은가. 또 낮에는 아전들과 일하는 자들, 민원을 해결하러 오는 백성들이 분주히 오가며 건물을 가득 메우다가 저녁이면 다 흩어져가니 역시 '영허'이다.

못과 연꽃에서도 영허의 도리를 발견할 수 있다. 연꽃은 못의 물을 먹고 살아가니 연꽃이 피어오르는 만큼 물은 줄어들게 된다. 그러면 못의 물이 줄어들지 않도록 조처해야 한다. 연못의 물은 백성의 힘과 같다. 관청에서 이들의 힘을 빌려 갖은 공사를 이루어내지만 그만큼 민력(民力)은 고갈되는 법이다. 행여 물의 양이 줄까 염려하는 세밀한 마음 씀씀이가 없다면, 이는 영허의 도리를 깨달

주역周易의 눈

백성의 힘은 못의 물과 같아서 연꽃을 피우면 줄어들기 마련이다.
산청 수선사 연못의 연꽃.

았다고 할 수가 없는 것이다.

최립의 설명 중 압권은 그다음이다. 관청의 책임자 강공은 날마다 반복되는 영허의 현상 속에 기(氣)가 피폐해지지 않을 도리가 없다. 사람의 마음에도 영허가 있다. 어떤 일을 당해서 기뻐하고 놀라고 화를 낼 수가 있는데, 이때는 마음이 가득 차 있을 때여서 사태를 조절할 힘을 가지지 못한다. 다시 조용히 앉아서 반추할 때 마음이 텅 비어 나 자신과 밖의 일을 다스릴 힘을 얻게 된다.

최립은 성리학자답게 마음이 차고 비는 것은 기(氣)의 현상이고, 그것을 주재하는 것은 내 마음속의 이치[理]라고 한다. 이치는 늘어나고 줄어듦이 없다. 다만 마음을 비워서 고요하게 유지할 때 그 이치에서 나오는 힘이 잘 작동할 수 있으니, 수양에 힘쓴다면 차고 비는 온갖 현상에 얽혀 휘둘리는 게 아니라, 영허를 주재할 수 있는 역량을 기를 수 있다는 것이다. '영허'라는 주제를 가지고 나를 기르는 법과 민생을 살피는 도리를 하나로 엮어내는 문장가 최립의 솜씨는 명불허전이다.

희문당과 연기재

필자에게도 받은 호가 있다. '인문을 좋아하고 기뻐한다'는 뜻의 희문당(喜文堂)이다. 새기면 새길수록 문(文)이라는 말이 참 어렵다. 그저 글월, 문장이라는 뜻이 아니다. 갑골문에서의 문(文)자는 가슴에 문신을 새겨 장식한 모양이며, 이후 '아름답게 꾸밈', '무늬'의 뜻으로 쓰였다. 문명, 문화, 문양, 문식 등에 문(文)이 쓰이는 이유이다. 공자의 시호가 문(文)을 널리 펼쳤다는 뜻의 문선왕(文宣王)이니, 그 뜻이 간단하지 않다. '사람의 삶을 아름답게 하는 일'을 포괄적으로 지칭한다고 해야 할까?

희문(喜文)은 필자의 이름 획수로 얻은 비괘(賁卦, ䷕)에서 취하였다. 괘 모양이 위는 산이고 아래는 불인데, 불은 환한 빛으로 문명(文明)을 뜻한다. 비괘의 글에 "천문(天文)을 관찰하여 때의 변화를 살피고, 인문(人文)을 관찰하여 천하를 교화한다"라고 하였고, 또 "마침내 길하여 기쁨이 있다"라고 하였으니, 이름대로 살도록 힘써야겠다.

아주 오래전 필자의 할아버님께서 책을 한 권 주셨는데, 그 표지에 "연기(研幾)", "관완(觀玩)"이라 쓰여 있었다. 관완(觀玩)은 『주역』에 나오는 관상(觀象) 완사(玩辭)의 줄임말이다. 『주역』의 상(象)을 잘 살피고, 글귀를 잘 음미하라는 의미이다. 돌아보니 그 오랜 시간 동안 "연기"도 "관완"도 제대로 하지 못했다는 자성(自省)에 부끄러움이 인다.

『논어』와 『장자』 등 여러 고전에 등장하는 거백옥이라는 인물은 나이 50에 49세까지의 잘못을 알았고, 60세를 살면서 60년 변화했다고 한다. 나이가 들어서도 살아 있는 동안 늘 새롭게 거듭났다는 뜻이 아니겠는가. 지나간 일은 탓해야 소용없는 것, 이제라도 늦었다 말고 정진할 일이다. 공부방의 한쪽에 희문당(喜文堂)과 연기재(研幾齋)를 써 붙이며 하루하루 이 길을 걸어가야겠다.

4

『주역』의 죽음관

삶이 무상(無常)할 때

여기저기서 날아드는 뜻밖의 부고에 마음이 울적하여 산책에 나
섰다. 바람에 나뒹구는 낙엽이 처연하여, 월명사의 '제망매가(祭亡
妹歌)'를 읊조린다.

> 삶과 죽음의 길이 여기 있음에 두려워 / 나는 간다는 말도
> 못다 이르고 가버렸는가. / 어느 가을 이른 바람에 이리저
> 리 떨어지는 잎새처럼 / 한 가지에 나고도 가는 곳을 모르
> 는구나. / 아, 아미타불의 세계에서 (그대를) 만날 나는 / 도
> 닦으며 기다리리다.
>
> – 『삼국유사』

끝났는가 하면 다시 시작하는 게 우주 변화의 영원한 패턴이다. 그래서 「주역」은
시종(始終)이라 하지 않고, 종시(終始)라고 한다. 공자의 신위(神位) 등을 모신 서울 문묘(文廟)의 가을.

속절없이 잎새가 떨어지듯, 사람의 목숨도 예측할 수 없이 져버릴
때가 있다. 예측할 수 있었더라도, 떠나고 보내는 애통함이야 어찌
말로 다 할 수 있겠는가. 세종대왕은 소헌왕후를 잃자 신하들의 완
강한 반대에도 불구하고 내불당을 지어 아내의 명복을 빌었다. 그
리하지 않고는 견딜 수 없는 심정이 있었기 때문이리라.

　세종은 국가 차원에서 숭상하던 유교의 가르침만으로는 그 무
너지는 마음을 추스르기에 부족했던 것일까? 그리고 보면 유교에
서는 상례(喪禮)를 성대하게 치르고 제사를 정성껏 지낼지언정 내
세에 대한 보장도, 윤회(輪廻)라는 다음 생에 대한 기대도 말하지
않는다. 『논어』에 "삶을 모르는데 어찌 죽음을 알겠는가"라고 하였
고 "사람도 다 섬기지 못하면서 어찌 귀신을 섬길 수 있겠는가"라

고 하였다. 공자는 '현생'과 '사람'에 집중했다. 그러나 죽음이란 사람이 살아가면서 맞닥뜨리는 매우 중요한 삶의 문제다. 삶을 중요하게 여기면서 죽음의 문제를 도외시한다는 것이 말이 되는가?

　이는 공자가 해설서를 썼다는 『주역』에서도 마찬가지이다. "낳고 낳는[生生] 것을 역(易)이라 한다"라고 한 데서 볼 수 있듯 『주역』은 생명을 예찬하는 책으로 알려져 있으며, 실제로 죽음에 대한 언급이 거의 없다. 『주역』은 우환을 대비하고 대처하기 위해 만들어진 책인데, 사람의 삶에서 가장 큰 우환인 '죽음'에 대해 적극적으로 말하지 않는다는 것은 참으로 이상한 일이다.

『주역』이 죽음을 다루는 방식

사람은 누구나 살기를 바라지 죽기를 원하지는 않는다. 죽음을 두려워하지 않는 사람은 드물다. 그런 면에서, 죽음을 이야기할 때 일차적으로 현세적 삶에 대한 애착, 불멸에 대한 집착이 함께 문제가 된다. 일찍이 종교사상들은 죽음을 극복하는 길에 대해 여러 답을 제시해 왔다. 현세의 삶을 영원히 지속하는 장생불사의 길을 제시하기도 하고, 천국 또는 극락을 말하며, 현생에서의 과보에 따른 윤회를 말하기도 한다.

　사후세계 복락을 기대하는 방식은 죽더라도 소멸하는 것이 아니라 저세상으로 가서 행복을 누린다는 설정이고 보면, 그 역시 현세적 삶에 대한 애착에서 크게 벗어나는 것은 아니다. 만약 그러한 설정이 없이도 언제든 삶에 집착도 미련도 없이 편안할 수 있다면, 이 역시 죽음을 극복하는 하나의 방식이 아닐까? 원효 스님이 "일체 걸림이 없는 이는 단박에 생사에서 벗어난다"라고 하였듯이 말이다. 이런 생각이 통용될 수 있다면, 『주역』은 충분히 어떻게 '죽음'을 준비해야 하는가에 대해서 말하고 있다. 『주역』은 나의 본성과 세상의 이치를 탐구하고 궁극적으로 '명(命)'을 깨닫는 것을 중요하게 생각한다. 순명(順命)하는 삶을 살고자 하기 때문이다. 『주역』 서문에는 책이 만들어진 목적이 '자신의 본성과 천명을 따라 살면서, 변화의 도를 다하는 것'이라 하였다.

죽음은 종말이 아니라 변화의 한 양상

역(易)은 '변화'이다. 『주역』이 바라보는 우주는 멈춤 없는 변화의 흐름 속에 있다. '영원히 변화한다'는 것은 본래 시작이 없으며 끝도 없다는 말이다. 종말이 없다. 겨울이 지나면 봄이 오고, 또 겨울이 지나면 다시 봄이 온다. 끝났는가 하면 다시 시작하고, 또 끝났는가 하면 다시 시작하는 것이 우주 변화의 영원한 패턴이다. 그래서 『주역』에서는 시종(始終)이라 하지 않고, 종시(終始)라고 한다.

이러한 세계관 속에서는 죽음도 커다란 변화의 흐름 속에 있는 것이지, 변화를 벗어난 별도의 우주로 진입하는 것이 아니다. 죽음이란 변화의 한 마디를 마친 것뿐이다. 소멸이 아니다. 『주역』에서는 "정(精)과 기(氣)가 만물이 되고, 혼(魂)이 떠돌며 변화가 일어난다"라고 하였다.

우러러 천문(天文)을 관찰하고 구부려 지리(地理)를 살펴, 어둠[幽]과 밝음[明]*의 까닭을 안다. 처음[始]을 살피고 마

● 어둠[幽]과 밝음[明]: 죽음과 삶.

침[終]을 돌아보아, 죽음과 삶의 도리를 알며 정(精)과 기
(氣)가 만물이 되고, 혼(魂)이 떠돌아 변화를 일으키니 그러
므로 귀(鬼)와 신(神)*의 실상을 알 수 있다.

－『주역』, 「계사전」

생명은 기(氣)가 뭉쳐서 시작되는 것이고, 죽음은 기가 흩어짐으로
써 나타나는 것이라는 이해 방식은 유가와 도가의 공통적 인식이
었다.

　장자(莊子)의 아내가 세상을 떠났다는 부고에 친구 혜시가 문
상하러 갔더니, 장자는 두 다리를 뻗고 앉아 동이를 두드리며 노래
를 부르고 있었다. "이건 너무 심하지 않은가?" 혜시가 질책하자,
장자는 이렇게 답했더란다.

　"내 아내가 세상을 떠났는데, 어찌 슬픈 마음이 없었겠는가?
그런데 곡을 하다가 생각하니, 삶이란 본래 있었던 것이 아니었네,
형체도 없던 것이며 기운조차도 없던 것이네. 흐리멍덩한 것이 변
하여 기운이 되고, 그것이 형체가 됨으로써 삶이 있게 된 것이네.
이제 죽어 변화한 것은 봄 여름 가을 겨울이 변화하는 것과 같은 것
일세. 그 사람은 하늘과 땅이라는 거대한 방 속에서 편안히 쉬고 있
는데, 내가 엉엉 우는 것은 명(命)에 통하지 못한 것이 아닌가."

　삶은 거대한 천지 변화의 흐름 속에서 잠시 갖는 '일시적 모습',
즉 객형(客形)에 불과하다. 동이를 두드리고 노래를 부르며 장례를

● 　귀(鬼)와 신(神): '귀'는 음(陰)의 작용으로 죽음의 측면, '신'은 양(陽)의 작용으로 삶의
　측면.

치르는 모습은 소멸에 관한 애도가 아니라, '인생'이라는 큰 변화의 한 마디를 마치고 천지의 품으로 돌아가는 이를 기리는 일종의 엄숙한 의식(儀式)이자 공연(performance)과 같다. 이렇게 생각한다면, 삶도 죽음도 영원한 변화의 양상에 불과하므로, 어느 한쪽에 집착하여 일희일비할 일이 아니다.

슬픔에 오래 젖어 생명을 손상하지 말라

『주역』에 '옛적에는 일정한 상기(喪期)가 없었는데, 후세에 성인이 관곽 등의 제도를 정하였다'라는 이야기 정도가 상례와 관련된 직접적 내용이다. 구체적인 의례를 위해서는 『예기』라는 문헌을 따로 두고 있다. 유교는 상례와 제례를 매우 중시한다. 삶과 죽음의 구조를 기(氣)의 뭉침과 흩어짐으로 이해한다고 해도, 장자처럼 그렇게 호방하게 툭 털어버리는 것과는 사뭇 다르다. 천하의 공자도 수제자 안회가 죽었을 때, "하늘이 나를 버렸구나! 하늘이 나를 버렸구나!"라며 통곡했다.

죽음은 떠나가는 당사자의 문제일 뿐 아니라, 남아서 살아가는 이의 문제이기도 하다. 상기(喪期)를 정하고 상례의 절차들을 마련하는 것은 본래 추모와 치유를 위한 것이다. 떠난 이와 남은 이 사이의 관계 정립이다. 공자는 "상례는 형식이 아름답기보다는 슬퍼야 하는 것"이라고 했다. 슬픔을 다루는 원칙은 "슬퍼하지만 스스로를 상하는 지경에는 이르지 않는다[哀而不傷]"는 것이다. '애이불상(哀而不傷)'은 서로 반대되는 양극단을 조절하는 역의 철학을 기반으로 한다. 이른바 중용(中庸)이다. 현재 맞닥뜨린 절망적 사태 앞에서, 육체적으로 심리적으로 자기 생명의 건강성을 지키려는

'자중자애'의 노력이야말로 『주역』이 가리키는 삶의 방향이다.

　이 세상에는 '명(命)'이라고 이해할 수밖에 없는 숱한 죽음들이 있다. 누구도 그 죽음을 납득시킬 수 없는 죽음들이 있다. 그러나 그러한 죽음들을 대면하는 표준적 지침은 '애이불상'이다. 공자는 중도(中道)를 얻는 방법은 예(禮)에 따라 행동함으로써 자신을 잘 다스리고 유지하는 것이라 하였다. 슬픔이 부족하다면 상례의 절차들을 지킴으로써 슬픔을 다하도록 하고, 슬픔이 지나치다면 예(禮)를 따름으로써 생명을 손상하지 않아야 한다는 것이다.

　우리는 상례가 무너진 시대를 산다. 전통적 상례는 그야말로 유물이 되었고, 각박한 삶의 환경 속에 당일 탈상도 마다하지 않는 것이 현대인이 처한 현실이다. 상례의 실종은 상실의 아픔 속에서 슬퍼할 수 있는 형식을 잃어버리고, 이를 통해 마음을 정화하고 치유할 기회가 사라졌음을 뜻한다. 종교와 심리학이 협력하여 현대인을 위한 상례와 제례의 모델 제안도 의미 있어 보인다.

오늘 하루의 삶에 담긴 영원

『주역』은 분명 생명을 예찬한다. "낳고 낳는 활동이 끊임이 없는 것을 역(易)이라 한다"라고 하여, 생생(生生)을 역의 본질이라 한다. 이 '생생'을 가능하게 하는 동력은 음과 양의 상호작용이다. 밤이 한 번 지나고 낮이 한 번 지나 하루가 이루어진다. 더위가 한차례 오고 추위가 한차례 와서 한 해가 이루어진다. 들숨과 날숨, 눈의 깜박임, 밀물과 썰물의 작용 등이 모두 음의 움츠림과 양의 펼침 작용이다. 낮, 더위, 들숨, 밀물만 있어서는 안 되고 밤, 추위, 날숨, 썰물도 있어야 '생생'이 되는 것이다.

'생생'이란 정확하게는 '생사·생사…'의 연속이다. 마치고 시
작하기를 반복하면서 순간순간 평형을 찾아가는 무궁한 변화가
생생이다. 쉬운 예로 우리의 생명은 순간순간 세포들의 끊임없는
생멸 작용, 즉 '생생'을 통해 유지된다. '생생'은 죽음의 상대어로서
'생'이 아니라, 순간순간 생과 사를 통과하며 새롭게 정립되는 것이
다. 생물학적인 의미에서의 사망만이 죽음이 아니다. 우리의 삶 자
체가 작은 단위에서 삶과 죽음의 연속이자 통일이다. "날로 새롭
고, 나날이 새로우라"라는 『대학』의 구절은 매일매일 작은 죽음을
경험함으로써 자신의 인격을 늘 새롭게 갱신하라는 뜻이 된다.

시시각각 변화하는 세계에서 진실로 존재하는 것은 이 순간뿐
이다. 그것이 '참'이다. 하늘 아래 모든 사물은 끝없는 변화 속에 순
간순간 존재한다. 그것은 결코 무상(無常)하기에 허망한 것이 아니
라 늘 새롭게 참으로 존재한다. 그러니 이 순간의 삶이 얼마나 중요
한가!

『주역』은 변화를 벗어난 영원불변의 안식을 구하지 않는다. 영
원한 세계는 저 건너 피안이 아니라 생생(生生)하는 현장인 여기에
있다. 여기서 오늘을 살아가는 나 자신에게 있다. 이것이 죽음의 문
제에 대한 『주역』의 답이라 생각한다. 천하의 명문(名文)으로 일컬
어지는 횡거(橫渠) 장재(張載, 1020~1077)의 「서명(西銘)」 끝자락에는
『주역』의 사생관이 담겨 있다.

부귀함과 윤택함은 나의 삶을 두텁게 하며,

빈천함과 근심 걱정은 너를 옥과 같이 이루리니,

살아서는 나 순종[順事]하고,

돌아갈 때 나 편안하리라.

살면서 부귀하든 빈천하든 그 명(命)에 따라 순리롭게 살다가 돌아
간다. 의심 없이 편안한 모습, 그것이 『주역』의 사생관에 따른 삶의
모습이 아닐까 한다. 맹자는 이렇게 말했다.

> "자신의 마음을 다하면 본성을 알게 되고, 본성을 알면 하
> 늘을 알게 된다. 그 마음을 보존하고 그 본성을 기르는 것
> 이 하늘을 섬기는 방법이다. 일찍 죽음과 장수함을 다른
> 것이라 여기지 않고, 자신을 닦아 기다림이 천명을 세우는
> 것[立命]이다."
> – 『맹자』, 「진심(盡心)」 상

삶과 죽음의 문제에 어찌 정답이 있을까마는, 주어진 하루의 삶을
진인사대천명(盡人事待天命)의 자세로 서로를 아끼고 사랑하기에
최선을 다하는 것이 사생(死生)을 넘어 오늘을 사는 길이리라.

5

'주역'에서 '정역'으로:
K-문화를 넘어 K-사상으로

'정역'에 대한 관심

2000년, 새로운 밀레니엄이 열렸다. 지난 20여 년 동안 한류 및 한국이라는 국가브랜드의 성장을 돌아보면 격세지감(隔世之感)이라는 말이 실감이 난다. 20여 년 전 주방 기구를 신나게 두들기는 퍼포먼스 공연 〈난타〉가 크게 성공을 거두자, 고무된 제작자가 영국에 가서 공연을 제안하였다. 돌아온 대답이 "한국 같은 나라에서도 공연을 하느냐?"라는 반응이었다고 한다.

지난 시절 한국은 늘 약소국이고 개발도상국이었는데, 어느 사이엔가 우리는 이제 선진국이라는 인식이 자리 잡았다. K-팝, K-드라마, K-푸드, 한국어 배우기 등 전 세계로 퍼져나가는 K-열풍을 보며, 20세기의 한국과 21세기의 한국의 모습은 참으로 차

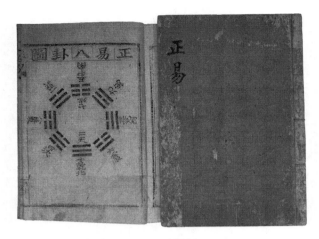

『정역』 돈암서원목판본, 1923(좌) • 복간본, 1953(우),
『학산이정호전집』. ⓒ한국사상연구원

원이 다르다는 생각을 한다.

　이러한 흐름과 더불어, 약 140년 전 앞으로 한국이 세계를 선
도하는 국가로 부상하는 시대가 오리라는 예언을 선포한 문헌『정
역(正易)』에 대해서도 새삼 관심이 증대되는 것 같다. 그동안 세간
에 소개되던『정역』의 이야기들은 지구의 자연 질서가 극심하게
변화할 것이고, 그에 따라 인문 질서도 새롭게 세워질 것이며, 한국
이 세계의 주역(主役)이 되어 새 문명을 이끌어 갈 것이라는 전망이
다.『정역』에 담긴 예언적 이야기들은 솔깃하거나 반대로 선뜻 다
가가기 어려운 이유가 되어 온 것 같다. 정작 중요한 것은『정역』이
지시하는 인류의 성숙과 새로운 문명의 방향인데 말이다.

'주역'과 '정역' 사이

아기가 세상에 나오기 위해서는 열 달 동안 엄마 뱃속에서 길러져
야 한다. 그 과정이 없이는 결코 생명이 완성될 수 없다. 그러나 세

상에 나오기 전과 후는 그야말로 천지 차이다. '주역'과 '정역'의 관계가 그렇다. '주역'의 시대와 원리를 거치지 않고서는 '정역'이 나올 수 없기 때문이다. 유년기와 청소년기를 거치지 않고서 어떻게 어른이 되겠는가.

'주역'이 억음존양(抑陰尊陽)의 선천(先天)이라면 '정역'은 조양율음(調陽律陰)의 후천(後天)이다. '정역'의 관점에서 보아 그렇다는 말이다. '억음존양'은 '음을 억제하고 양을 높인다'라는 뜻이며, '조양율음'은 음과 양이 고르게 조화를 이룬다는 의미이다. '주역'은 음과 양의 균형과 조화를 이상(理想)으로 하지만, 현실 세계의 적용에서는 양(陽)을 존귀하게 여기고 숭상하는 양(陽) 중심의 체계를 지니고 있다. 양(陽)이 생명의 기운을 뜻하기에 그렇기도 하지만, 『주역』의 체계에서는 가부장제, 신분제, 남성중심주의가 정당화된다. 또 그것을 시대의 불가피한 현실적 요청으로 간주한다.

'주역'의 시대는 인류의 성장기와 같아서 모순과 불균형으로 점철된 성장 과정이 필연적으로 수반되었다는 것이 '정역'에서 '주역'을 바라보는 시각이다. '정역'은 이제 인류가 성숙한 어른으로 완성되어 음과 양이 고르게 작용할 수 있는 체제를 구축하고, '조양율음'이라는 이상을 향해 나아가게 될 것이라는 전망을 담고 있다. 인류는 역사상 늘 발전이라는 이름으로 절망을 만들어내면서도, 다른 한편에서는 끈질기게 고귀한 가치를 향해 나아왔다. 그것은 지금도 현재진행형이라고 할 수 있겠다.

초현실적인 논리가 되겠지만 '정역'의 관점에서는 『주역』에 이미 수천 년 후에 출현할 〈정역팔괘도〉의 내용을 암시하는 내용이 들어 있다고 본다. 역(易)의 세계에서 〈괘도〉는 한 문명의 표상(表

象)과도 같은 물건이다. 따라서 새로운 괘도의 출현은 감히 상상하기 어려운 어마어마한 사건이다.『주역』「설괘전」에는 〈복희팔괘도〉와 〈문왕팔괘도〉에 대한 설명이 있다. 그런데 〈복희팔괘도〉,〈문왕팔괘도〉 중 어느 것과도 맞지 않아 무엇인지 알 수가 없는 팔괘에 대한 설명이 또 들어 있다. 역대의 학자들이 내내 의아하게 생각한 부분이다. 〈정역팔괘도〉는 마치 비어있던 퍼즐을 맞추듯 출현하였다.

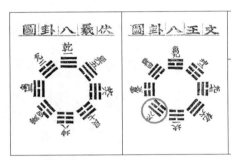

		艮方=한국
圖卦八羲伏	圖卦八王文	• 간방(艮方)에서 이룬다[成言乎艮]. • 만물을 마치고[終萬物] 만물을 시작하는[始萬物] 것이 간(艮)보다 성대한 것이 없다. 『주역』,「설괘전」

아래가 북쪽이므로 간(艮)은 동북방이 된다.

종래 '주역'의 체계에서 한국은 동북방을 나타내는 간방(艮方)으로 인식되었다. 중국을 기준으로 한국은 동북방이다. 그런데『주역』에는 "(주역의 문명은) 간방에서 이룬다[成言乎艮]"라고 하고 또 "만물을 마치고 만물을 시작하는 것이 간(艮)보다 성대한 것이 없다"라고 했다. 주나라 문왕(文王)이 창도한 '주역'이 간방(艮方)에서 끝을 맺으며, '간방'에서 만물이 마치고 다시 시작한다고 하는 것이다.『주역』은 63번째 괘인 기제(旣濟)로 닫혔다가 64번째 괘인 미제(未濟)로 다시 열리니, 못다 한 '미제'의 숙제를 받아 그 문을 활짝 열어젖힌 것이『정역』이라고 본다.

　신비성과 합리성의 양 측면을 포괄하는 것이 역(易)이라는 학문의 특징이다. 인간의 지혜를 넘어서는 어떤 섭리에 대한 외경은 공자가 지은 것으로 보는 「역전(易傳)」에도 있다. 『주역』은 공자에게 "묵묵히 이루고[黙而成之] 말하지 않으면서 믿는[不言而信]" 세계가 있다고 기록하고 있다.

　　간(艮, ☶)은 소년을 뜻하기도 한다. 지난 수천 년간 중국이 주도한 중화문명°은 자타공인 동아시아 세계를 이끌어 왔다. 『정역』에 따르면 그 문명은 한국으로 건너와 그 대미(大尾)를 이루었다. 조선의 유학자들은 조선을 유학적 도덕 문명의 마지막 보루, 겨우 하나 간신히 붙어있는 양(陽)의 기운으로 인식하였다. 이제 문명의 차원을 전환하여 새로운 씨앗을 싹 틔울 때가 되었다. 한국이 젊은 후발주자로서 새 시대의 문명을 주도한다는 것이다. 그러면 『정역』이 말하는 후천은 어떤 세계인가?

자연 변화, 정역(正曆)의 도래와 정륜(正倫)의 실현

'정역'을 이야기할 때, 관심을 끌기도 하고 곤란하기도 한 것이 『정역』이 말하는 자연 변화에 관한 내용이다. 『정역』에서는 후천 세계가 도래하는 과정에서 극심한 자연 변화가 일어날 것이며, 이 때문에 큰 환란이 있을 것을 예고한다. 오늘날 기후변화의 심각성은 '기후재난'으로 불리고 있는 것이 사실이다. 하지만 지축이 바로 섬으로써 윤달이 없어지고 1년이 360일의 정역(正曆)이 된다던가, 그로 인해 혹한 혹서가 없어지고 1년 내내 봄과 가을 같은 날씨가 이어

●　　중화문명은 인의(仁義)와 절의(節義)를 중시하는 유학의 도덕 문명을 말한다.

질 것이라는 내용을 과학적 사실에 대한 언급으로 보아야 할지는 단정하기 어려운 문제이다. 더구나 그 정확한 때가 언제냐에 관한 호기심으로 『정역』 공부에 몰두한다는 것은 바람직하지 않다. 『정역』의 경고가 아니더라도, 오늘날 기후재난이 가져올 것으로 예측되는 미래는 매우 두렵다.

『정역』에서 우리가 읽어야 할 것은 자연 변화에 대한 예언이 성사되느냐의 여부나 한국의 미래에 관한 부푼 전망이 아니다. 인간 변화와 완성의 메시지, 후발주자로서 인류를 향한 한국의 사명에 관한 확신과 책임, 그리고 장구한 역사를 통해 일구어 온 우리 문화에 대한 재인식이다. 『정역』은 오랜 역사를 통해 깊이 쌓아 온 한국 정신문화의 결정(結晶)이기 때문이다.

인간 변화, 겸손하고 고귀하며 유일한 사람

진리가 세 갈래로 나뉘어짐이 이치의 자연함이니,
이에 유(儒)도 되고 불(佛)도 되고 선(仙)도 되는구나.
뉘라서 일부(一夫)가 참으로 이 셋을 다 겪은 줄 알았으리오,
사람 없으면 홀로 지키고 사람있으면 전하리로다.
– 『정역』, '무위시(无位詩)'

『정역』에서는 천지가 뒤집히는 극심한 자연 변화가 있을지라도 그것은 세상의 종말이 아니라 새로운 시작이라고 본다. 이른바 '후천'이다. 360일을 주기로 하는 정역(正曆)이 들어선다는 것은 기후가 온화해지고 자연의 질서가 바로잡히며, 사람의 심성도 거듭나 초

인간이 등장하며 정륜(正倫)을 실천하게 된다는 의미라고 한다. 이런 이야기는 환상적으로 들리기도 하겠다. 하지만, 인류에게 '축의 시대'라 불리는 특별한 시기가 있었다. 기원 전후 5~6세기 사이, 오늘날에 이르도록 빛이 되는 가르침을 전해 준 성인(聖人)들이 출현하였다. 그리고 그 빛을 따라 어둠을 밝히는 현인들이 이어져 왔다. 왜 그 시기인가? 왜 그 시대에 집중되었을까? 어떤 섭리를 생각하게 된다. 부처님이 생존해 계실 때는, 그 가르침을 직접 듣고 바로 깨우치는 이들이 많았다고 한다. 생각해 보면 경전의 문자는 그 생생함을 그대로 담기 어렵다. 진리의 화신(化身)인 이가 곁에 있다면 그 감화력은 상상하기 어려울 것이다.

『정역』은 개개인이 깨달음의 주체라 한다. 한 사람 한 사람이 다 '지극한 사람[至人]'이 되어야 함을 말한다. '정역'을 창도한 김항(金恒)의 호는 일부(一夫)이다. '일부'는 평범한 한 사람이라는 뜻이기도 하고, 유일한 사람이라는 뜻이기도 하다. 평범한 한 사람, 그러나 지극히 고귀하고 유일한 존재라는 의미가 담겨 있다.

평범하면서도 유일한 이런 존재를 '황극인(皇極人)'이라 부른다. '선천'시대의 황극(皇極)은 임금을 가리키는 말이었다. 황(皇)은 임금을 뜻하고, 극(極)은 표준을 뜻한다. 과거에 표준과 기준은 오직 임금에게 있었지만, 이제는 평범한 개인이 스스로 표준인 절대 주체이다. 이러한 정신을 "일부(一夫)가 만부(萬夫)된다"는 말로 표현한다. 이것이 '정역'이 그리는 완성된 인간, 즉 진리의 능산자(能産者)로서 인간상이다. 이러한 사람들이 하늘을 대신하여, '하늘의 일[天工]'을 행할 수 있다. 『정역』에 말하였다. "누가 하늘의 일이 사람을 기다려 이룰 줄 알았으랴!"

天地匪日月空殻 日月匪至人虛影
천 지 비 일 월 공 각 일 월 비 지 인 허 영

천지는 해와 달이 아니면 빈 껍질이요,

해와 달도 지극한 사람이 아니면 헛된 그림자다.

- 『정역』, 「십오일언」

'하늘의 일을 대행한다'는 것에는 '비워둠'의 정신, '존공(尊空)' 사상
이 들어 있다. 황극인인 자녀들이 천지부모의 수고를 대신하고, 부
모를 일 없는 자리에 편안하게 모신다는 것이다. 그것은 배려와 존
중을 넘어 '존숭'을 담고 있다. 아무리 인간이 잘나더라도 천지부
모의 일을 대행하는 것이며 그 자리를 차지하지 않는다는 '낮춤'과
'겸손'을 말한다.

그것을 〈문왕팔괘도〉와 〈정역팔괘도〉의 변화된 모양을 통해
보자. 선천시대 〈문왕팔괘도〉에서는 부모 격인 건과 곤이 서북과
서남의 귀퉁이에서 막내딸인 '태(兌)'괘를 돌보며 일하고 있었다. 〈
정역팔괘도〉에서는 건(乾, ☰)과 곤(坤, ☷)이 북과 남의 정(正) 방위
로 복귀하여 제자리를 잡고, 이제 천하의 일은 다 자라난 자녀들이
행한다고 풀어낼 수 있다. 천지 변화에 따른 새 질서와 정륜(正倫)
의 실현을 말하는 것이다.

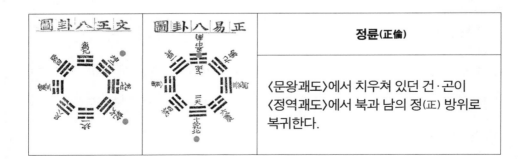

		정륜(正倫)
圖卦八王文	圖卦八易正	〈문왕괘도〉에서 치우쳐 있던 건·곤이 〈정역괘도〉에서 북과 남의 정(正) 방위로 복귀한다.

21세기 K-컬처를 통해 세계로 뻗어나가는 한국의 선한 영향력에는
겨울 감나무에 까치밥을 남겨두는 오랜 정서 등 사상적 문화적 지층이 두텁게 자리하고 있다.

우리가 『정역』에서 주목해야 할 핵심은 바로 이 '존공'과 '황극' 사상이라 하겠다. 이에 근거하여 인류사회를 혁신하고 최고의 복지세계를 만들어 가는 일에 간방(艮方)의 사람들이 앞장서 나가야 할 사명과 책무가 있다는 것이 『정역』의 궁극적 메시지일 것이다.

원수인 줄 알았더니 혼인할 짝

인간은 하늘과 땅을 잇는 존재로서 정신과 물질, 이상과 현실의 상반된 세계를 종합 지양하는 주체라는 천지인 삼재 사상은 한국의 사상사를 관통해 왔다. 그 결실이 『정역』의 '황극인'이라고 생각한다. '하늘과 땅의 소산인 인간, 그러나 하늘 땅을 자기 속에 담은 인간'으로 요약되는 삼재의 인간은 하늘과 땅을 향한 우주적 연대 의식 속에서 타자와 더불어 살아가는 존엄한 주체이다.

『25시』의 저자 게오르규는 25시를 넘어서 새로운 아침을 맞이할 수 있는 사상적 희망을 한국에서 발견하고, 단군신화의 '홍익인간'을 세계 어떤 종교와도 모순되지 않는다고 평가하였다. 마치 어둠에 싸인 베들레헴 산골에서 빛이 탄생한 줄을 아무도 몰랐던 것처럼, 20세기 켜켜이 쌓인 어둠 속에 놓여있는 조그마한 나라 한국이 세계에 빛을 던질 것이라 통찰하였다.

펄벅이 가난한 한국의 농촌에서 감탄하였던 겨울 감나무에 까치밥을 남겨두는 정서, 저녁 무렵 소달구지의 짐을 지게에 나누어 지고 소와 함께 걸어서 집으로 돌아가는 풍경, 그리고 오늘날 공항에서 버스를 기다리며 여행 가방으로 줄을 세워 놓아도 별로 잃어버릴 걱정을 하지 않는 풍경. 이 정도의 사회적 신뢰, 문화를 단순히 빈부의 차이로 설명할 수는 없을 것 같다.

게오르규나 펄벅의 통찰에 무턱대고 환호할 일도 아니지만, 소홀히 여길 일도 아니라고 본다. 21세기 K-컬쳐를 통해 세계로 뻗어나가는 한국의 선한 영향력은 그 바탕에 긴 역사를 통해 쌓여온 사상적 문화적 지층이 두텁게 자리하고 있다.

이 책의 첫머리에서 밝힌 것처럼 역의 사유 방식은 숨은 보석과 같이 한국인의 심성에 깊이 뿌리내리고 있고, 한국인의 마음 씀씀이를 통해 그 독특한 모습이 드러난다. '홍익인간'은 천지인 삼재로서 인간의 모습을 대표적으로 드러내며, 태극기는 역(易)의 '생명 살림'의 인(仁)을 구현한다. 훈민정음은 천지인 삼재의 휴머니즘이 글자 지은 원리가 된 전무후무한 사례이다.

역의 사유를 특징짓는 용어인 관계, 상생, 평화, 생명, 중도, 균형, 주체, 창의 등이 수 천 년을 지탱해 온 한국인 저력의 원천이라는 점을 다시 이야기하고 싶다. 이제 우리는 한국 사상사로부터 다양성을 수용하고 이질성을 아우르는 새로운 휴머니즘을 모색해서 세계로 나가야 할 것이다.

『주역』의 이야기대로 간방(艮方)은 '만물을 마치고, 만물을 시작하는' 땅이다. 20세기 이념 대립의 마지막 잔재가 남아 있는 한반도가 "원수인 줄 알고 노려보았더니, 혼인할 짝이로구나(『주역』, 규괘)"를 외치며 하나가 됨으로써, 세계를 향한 평화와 생명의 터전으로 거듭나기를 기원해 마지않는다.

향적산방, '정역'의 공부 터전

향적산방과 일부 선생

계룡시 엄사면 향한리, 국사봉 기슭에 있는 무상사를 뒤로 하고 가파른 산길을 30~40분 올라가면, 한국의 역인 '정역(正易)'을 창도한 일부(一夫) 김항(金恒, 1826~1898) 선생이 머물며 연찬했던 산방(山房)에 이른다. 입구의 용바위와 안쪽 거북바위 사이에 있는 건물의 터가 일부 선생이 만년에 기거하던 옛집 자리이다.

『정역』은 1885년에 충남 논산시 연산(連山) 지역에서 출현한 새로운 역(易)이다. '주역'이 지난 수천 년 동북아시아 문명을 이끌어 온 사상들의 중심에 있었다고 한다면, '정역'은 그 뒤를 이어 새롭게 펼쳐질 자연 질서와 인간 변화의 길, 새 문명의 방향을 제시한다. 지난날의 문명은 그 큰 마디를 매듭지을 때가 되었으며, 이제

『정역』을 창도한 일부 김항 선생이 역을 연구하고 후학을 가르쳤던 향적산방 입구 전경.

자연 변화와 더불어 인간 자신도 혁신하여 성숙한 인도주의를 실현해 나가야 한다고 말한다. 이런 차원에서 볼 때 '정역'은 한국의 역(易)이지만 인류 보편의 것이기도 하다.

　　세상에서 '정역'을 신흥 종교로 오해하는 일이 많은데, '정역'을 종교라 볼 수는 없다. 일부(一夫)는 교단이나 교리를 만든 일이 없으며, 교주로 처신한 일도 없다. 초상화조차 그리지 못하게 했다고 한다. 마치 공자가 평생 '선생님[夫子]', '우리 선생님[吾夫子]'이라 불렸듯, 일부도 그랬다. '정역'을 둘러싸고 후세인들의 필요에 의해 다양하게 이루어진 문화 현상은 그대로의 의미가 있을 것이다. 『노자』나 『장자』가 종교를 하기 위해 성립된 문헌이 아니건만 도교의 경전으로도 쓰였던 것처럼 말이다.

1893년 2월, 일부는 동학의 무장봉기가 일어나기 전에 향적산 국사봉으로 터전을 옮겼다고 한다. 세상을 떠나기 두어 달 전인 1898년 추석 무렵까지 이곳에 기거했다. 일부 선생을 모시고 다니던 집안 조카이자 제자인 덕당(德堂) 김홍현은 국사봉 중턱 거북바위와 용바위 사이에 초막을 짓고 선생을 모셨다. 사방에서 모여드는 사람들을 위해 스스로 '밥주인'이 되어, 모든 비용을 부담하면서 뒷바라지했다고 한다. 이에 따라 덕당(德堂)이라 불렸다. 그 모든 것을 『정역』을 어깨너머라도 배우고 싶은 일념에서 행한 것이라고 송구한 듯 술회하였다고 『학산전집』에 기록되어 있다. 덕당은 학산 이정호에게 '정역'을 전수한 사람이기도 하다.

지금은 향적산방이 『정역』을 공부하던 명소로 알려졌지만, 『정역』이 이곳에서 탄생한 것은 아니다. 일부는 56세인 1881년 이미 〈정역팔괘도〉를 그렸고 「대역서(大易序)」를 썼으며, 59~60세 사이에 『정역』의 상하경에 해당하는 「십오일언」과 「십일일언」을 집필하였다. 단지 세상의 소요를 피해 장소를 옮긴 것인지 또 어떤 다른 이유가 있는지 알기는 어려우나, 일부는 훗날 향적산방이라 불린 이곳에서 5~6년가량 지내면서, 연구하고 후학을 가르쳤다.

향적산방을 지켜온 이들

향적산방 이야기를 하면, 산장의 주인장 정관(貞觀) 송철화(宋哲和, 1904~1978) 선생의 공로에 대해 특별히 기술해야 하겠다. 일부 선생이 세상을 떠나고 적막하던 산방이 소생하여, 20세기 후반 '정역'의 공부터로 역할을 다할 수 있었던 것은 정관 선생 내외의 헌신에 힘입은 것이다. 내외는 '정역'을 공부하기 위해 드나드는 수많은 사람이 공부에 전념할 수 있도록 하루 3끼 밥 공양을 정성으로 수행하였다. 찾아온 이가 더러 비용을 내놓기도 하였겠으나 요구하는 것은 아니었다.

정관은 딸만 셋을 두었는데, 아래의 서술은 막내딸 송경자 여사가 들려준 이야기이다. 정관은 본래 대전 사람이지만 한국전쟁 이전에는 서울에 살았다고 한다. 당시 송 여사는 젖먹이여서, 어머님과 큰언니를 통해 들은 이야기를 전해주었다. 정관은 한 번 집을 나가면 1년씩 돌아오지 않을 때도 있었으므로, 생계를 꾸리는 것은 늘 부인의 몫이었다. 한국전쟁 때 국사봉으로 피난하였는데, 당시 산방 움막에는 노파 한 분이 살고 있었고, 그분이 송 여사가 태어날 때 산바라지(아이 낳는 일을 돕는 것)를 해주었다는 말을 들은 기억이 있다고 하였다. 그 후 그러저러한 인연으로 산방이 삶의 터전이 되었다. 살림이 하도 궁핍하여 건너편 바위산이 그릇에 하얀 쌀밥이 소복이 담긴 것처럼 보일 때도 있었단다. 돌을 골라 밭을 일구어, 황기를 심어 약방에 팔고 채소를 심어 장에 내다 팔아 생계를 꾸렸다.

정관이 언제 어떤 경로로 '정역'을 접하였는지는 알 수 없다. 막내 사위 나상현 선생의 증언에 따르면, 정관이 세상을 떠나기 얼마 전 "예전에 정역을 석 달 배웠다"라고 하였단다. 그러나 평소에 정관이 '정역'을 강론하는 것은 본 일이 없으며, 밤에 영가(詠歌)는 하였다고 한다.

정관이 향적산방을 '정역'의 공부터로 일군 데에는 학산(鶴山) 이정호(李正浩, 1913~2004)와의 인연이 결정적이라 해도 과언은 아닐 것이다. 두 사람이 만나게 된 사연은 학산이 세상을 떠난 정관을

곡(哭)하는 글에 실려 있다. 학산은 정관을 한국전쟁 이후에 알게 되었는데, 처음 만나는 사이인데도 마치 오래 알고 지낸 사람 같았고, 일부 선생을 사모하는 마음이 합하여 더욱 친밀하게 느껴졌다고 기록하였다. 1955년 충남대학교 철학과로 자리를 옮긴 학산은 조용한 연구실이 필요하던 차라, 강의를 마치면 일부 선생의 옛 터전인 산방을 찾아 일주일에 4일 정도를 그곳에서 지냈다. 학산이 주로 그곳에 기거하니, 그를 따라 공부하려는 사람들이 10여 명이나 모여들었다. 정관 댁에서 계속 지내기도 불편하여, 옆으로 약간 떨어진 곳에 작은 집을 짓게 되었다.

그 이름을 '향적산방(香積山房)'이라 하였는데, 그때가 1957년이다. 학산은 학교와 산방을 오가며 40여 년을 연구와 교육에 전념하였고, 정관은 그런 학산을 지성(至誠)으로 뒷바라지하였다. 2017년 『학산전집』으로 집성된 『해설역주 훈민정음』(1972) 『훈민정음의 구조원리』(1975), 『정역연구』(1976), 『주역자구색인』(1963), 『정역자구색인』(2017), 『주역정의』(1987), 『학역찬언』(1982), 『원문대조 국역주해 정역』(1988), 『정역과 일부』(1985), 『제3의 역학』(1992), 『주역집주대요(상중하)』 등 학산의 주요 저작들이 이곳 향적산방 연구실에서 탄생하였다.

이러한 인연으로 향적산방은 여러 학인과 명사(名士)들의 발길이 이어지는 장소가 되어, 한 시절 '정역' 연구의 성시(盛時)를 이루었다. 정관이 1978년 음력 10월 75세를 일기로 세상을 떠나자, 학산은 애통하게 곡을 하는 제문 '곡정관송도인철화공문(哭貞觀宋道人哲和公文)'을 지어 그를 추도하였다.

"오호라 선생이여, 선생과 저는 25년 전 이곳에서, 동족상
잔의 참적(慘迹)이 채 가시지 않아 군데군데 잿더미가 울
퉁불퉁한 빈터에서 처음으로 만났습니다. … 그 뒤 선생은
꾸준히 흙집을 짓고 정지를 만들어서 우리들 일부 선생의
공부를 하는 몇 사람을 위하여 헌신 노력하여 왔습니다.
… 생각하면 선생과 저는 참으로 기연(奇緣)이라 하겠습니
다. 선생은 일찍이 무슨 인연으로 일부 선생의 구기(舊基)
에 따라들어 오늘날까지 그 모진 고생을 참고 견뎠으며,
저는 또 어찌 선생을 좇아 이곳에 향적산방을 짓고, 『주역
자구색인』을 만들고 『정역연구』를 쓰게 되었을까요. 이것
이 다 선생의 일부 선생 받드는 정성과 그 공부를 중히 여
기는 남다른 정신의 운력에 힘입은 것입니다."

– 『학산산고』

향적산방과 인연을 맺은 명사들

학산 선생이 향적산방에 머물렀던 관계로 당시 『정역』을 공부하고
자 하는 많은 이들이 이곳을 드나들었다. 1950년대 후반부터 출입
하던 초기 인물로는 삼화 한장경, 동교 민태식, 창애 김순동, 도원
류승국, 김근수, 삼정 권영원, 백문섭, 화공 육종철 등이 이름을 남
기고 있다. 이후 산방을 출입하며 공부한 학계의 인물들을 이루 다
열거할 수 없다.

나상현 선생의 증언에 따르면 명지대를 설립한 방목 유상근
총장, 탄허 스님도 산방을 찾았다. 유 총장은 산방을 찾아 정관 선
생과도 밤새도록 이야기를 나누었다고 한다. 탄허 스님이 산방을

찾았음은 복수의 증언을 통해 알 수 있다. 나 선생은 탄허 스님이 한때 여러 번 산방을 찾았다고 하였으며, 그 시기를 70년대 전반기로 기억하였다. 이 부분은 당시 스님을 모시고 산방에 갔던 도서출판 민족사 윤창화 대표의 증언으로도 확인할 수 있다. 윤 대표가 스님을 모시고 간 것은 한 번이었는데, 기차역에서 내려 한 시간여 국사봉에 이르는 길을 익숙하게 가신 것으로 보아 초행은 아닌 것으로 보였다. 산방에서 호리호리하고 한복을 입으신 분을 만나 밤 9시 무렵까지 '주역'과 '정역'에 관한 말씀을 나누고 1박을 하였다는 이야기를 전해 주었다. 1973년 늦가을로 기억하였다.

학산과 탄허의 교류를 짐작해 볼 수 있는 단서들이 몇 가지 있다. 두 분은 1913년생으로 동갑이다. 언제부터 교유가 시작되었는지는 알 수 없으나, 1972년 충남 연산 현대유도회에서 열린 탄허 스님 강연회 기념사진에서 두 분의 모습이 보이는 것으로 보아, 당시 교유가 있었음을 알 수 있다. 민족사 윤 대표는 산방을 방문했던 이듬해(1974) 학산 선생이 서울 안암동 대원암으로 양장본『정역』원문 인쇄본을 몇 권 들고 스님을 찾아 왔고, 스님은 그 책을 소중하게 간직했다고 했다. 학산은 1976년 12월『정역연구』를 출간하자 '탄허 선사 혜존(呑虛禪師惠存)'이라 써서 증정하였다. 탄허는 이듬해인 1977년 음력 3월 "화봉(華峰) 편에 보내주신『정역연구』책자는 감사히 받아 읽었습니다"로 시작하는 답신을 보내왔다.

학산의 막내아들 고(故) 이동신 법사가 1980년 3월 학산에게 올린 안부편지에도, 두 분의 교유를 짐작할 수 있는 내용이 있다. 당시 동국대 불교학과에 재학 중이었던 이동신 법사는 "기숙사가 안암동에 있어 대원암에 계신 탄허 스님을 찾아뵙기가 용이해졌으며, 스님 방의 벽에 학산 선생이 산방에서 써 주신 글[有志者事竟成]이 붙어있다"라고 썼다. 탄허 스님이 1983년 입적하셨으니 말년까지 교유가 이어졌음을 알 수 있겠다.

이제 두 분 모두 이 세상에 안계시지만, 『정역』을 통해 후인들에게 전하려는 메시지는 분명하게 살아 있다. 자연의 변화에 따라 인간도 변화하며, 큰 고비를 겪더라도 그것은 멸망이 아니라 성숙을 향해 간다. 인류는 성숙한 도덕 문명을 이루어 가야 하며, 수천년 그러한 문화를 축적해 온 한국은 이제 온 세상을 위한 도덕 문명의 주체로서 그 사명을 자각하고 앞서 나아가야 한다는 것이다.

이 모든 사연을 품어 안은 향적산방은 오늘도 국사봉을 오르내리는 등산객들을 맞으며 그 자리를 적막하게 지키고 있다. 『정역』에 "사람이 없으면, 그저 도를 지키고 있을 것이고, 사람이 있으면 전할 것이다"라고 하였으니, '정역'의 연구도 향적산방의 미래도 그 말씀대로 될 일이 아닌가 생각한다.

마음을 씻고 세상을 꿰뚫는 경전
주역의 눈 周易
ⓒ 이선경, 2025

2025년 3월 7일 초판 1쇄 발행
2025년 6월 9일 초판 2쇄 발행

지은이 이선경
발행인 박상근(至弘) • 편집인 류지호 • 편집이사 양동민
책임편집 최호승 • 편집 김재호, 양민호, 김소영, 정유리, 이란희, 이진우 • 디자인 쿠담디자인
제작 김명환 • 마케팅 김대현, 김대우, 이선호, 류지수 • 관리 윤정안
콘텐츠국 유권준, 김희준
펴낸 곳 불광출판사 (03169) 서울시 종로구 사직로10길 17 인왕빌딩 301호
　　　　대표전화 02) 420-3200 편집부 02) 420-3300 팩시밀리 02) 420-3400
　　　　출판등록 제300-2009-130호(1979. 10. 10.)

ISBN 979-11-7261-142-2(03140)

값 32,000원